民族之魂

言行一致

陈志宏◎编著

延边大学出版社

图书在版编目（CIP）数据

言行一致 / 陈志宏编著 . -- 延吉 : 延边大学出版社 , 2018.4（2023.3 重印）

（民族之魂 / 姜永凯主编）

ISBN 978-7-5688-4524-3

Ⅰ . ①言… Ⅱ . ①陈… Ⅲ . ①品德教育—中国—青少年读物 Ⅳ . ① D432.62

中国版本图书馆 CIP 数据核字（2018）第 069661 号

言行一致

＿＿＿＿＿＿＿＿＿＿＿＿＿＿＿＿＿＿＿＿＿＿＿＿＿＿＿＿＿＿＿＿

编　　　著：陈志宏

丛 书 主 编：姜永凯

责 任 编 辑：孙淑芹

封 面 设 计：映像视觉

出 版 发 行：延边大学出版社

社　　　址：吉林省延吉市公园路 977 号　　邮编：133002

网　　　址：http://www.ydcbs.com　　E-mail：ydcbs@ydcbs.com

电　　　话：0433-2732435　　　　传真：0433-2732434

发行部电话：0433-2732442　　　　传真：0433-2733056

印　　　刷：三河市同力彩印有限公司

开　　　本：640×920 毫米　　　1/16

印　　　张：8　　　　　　　　字数：90 千字

版　　　次：2018 年 4 月第 1 版

印　　　次：2023 年 3 月第 2 次印刷

ISBN 978-7-5688-4524-3

＿＿＿＿＿＿＿＿＿＿＿＿＿＿＿＿＿＿＿＿＿＿＿＿＿＿＿＿＿＿＿＿

定价：38.00 元

人有灵魂，国有国魂；一个民族，也有民族魂。

鲁迅先生曾经说过："唯有民魂是值得宝贵的，唯有他发扬起来，中国才有真进步。"

鲁迅先生以笔代戈，战斗一生，曾被誉为"民族魂"。

民族魂，顾名思义，就是一个民族的灵魂！民族魂，是一个民族的精髓，体现了一种民族的精神，是一个民族生存和存在的精神支柱。

什么是中华民族的民族魂？那就是中华民族精神！它是中华民族凝聚力的理念核心，是中华文明传承的基因。它包含热烈而坚定的爱国情感，对生活的美好愿望和追求，为目标努力奋斗的拼搏毅力，为正义事业不惜牺牲自己的精神，以及正确的人生观和价值观。

前 言

翻开浩瀚的中国历史长卷，我们可以看到数不胜数的，体现民族精神和民族魂的英雄人物和可歌可泣的感人故事。

民族魂，不仅体现在爱国主义精神和行动中，而且体现在各个领域自强不息的民族奋斗中。而中华民族精神的力量，更是深深植根于延绵几千年的传统文化之中，始终是维系中华各族人民共同生活的纽带，是支撑中华民族生存和发展的精神支柱，是不断推动中华民族前进的强大动力。

民族魂体现在"重大义，轻生死"的生死观中；民族魂体现在"国家兴亡，匹夫有责"的使命感中；民族魂体现在"我以我血荐轩辕"的大无畏精神中；民族魂

体现在将国家利益置于最高的爱国情怀中！

纵观中华五千年文明史，曾经有多少杰出的政治家、军事家、思想家、文学家、科学家、艺术家；曾经有多少忧国忧民、鞠躬尽瘁的仁人志士；曾经有多少抗击外敌、英勇献身的民族英雄。他们或顺应历史潮流，积极改革弊政，励精图治，治国安邦，施利于民；或为人类进步而不断进行着农业、工业、科技、社会等各种创新；或开发和改造河山，不断创造着灿烂的中华文明；或英勇反击外来侵略，捍卫着国家主权和民族尊严；或坚决反对民族分裂，维护国家的统一……他们从不同的侧面，体现了中华民族的民族魂，谱写了几千年中华文明的壮丽诗篇，铸造了中华民族高尚而坚不可摧的"民族之魂"。

民族魂，就是爱国魂。从屈原在汨罗江边高唱的《离骚》，到文天祥大义凛然赴死前的"人生自古谁无死，留取丹心照汗青"的诗句；从岳飞的岳家军抗击入侵金兵，到郑成功收复台湾；从血雨腥风的鸦片战争，到硝烟弥漫的十四年抗战，再到抗美援朝的隆隆炮声……哪个为国捐躯的英雄不是可歌可泣的？

民族魂，就是奋斗魂。从勾践卧薪尝胆，到司马迁秉笔直书巨著《史记》；从鉴真东渡传播佛法终在第六次成功，到詹天佑自力更生建铁路；从袁隆平百次实验成为"水稻之父"，到屠呦呦的青蒿素获得诺贝尔奖……哪个不是历经艰难，最终取得成功？

民族魂，就是改革献身魂。从管仲改革到商鞅变法；从王安石变法到百日维新……哪次变法图强不是要冲破旧势力的阻挠，或流血牺牲？

民族魂，就是创新魂。 古有毕昇发明活字印刷，今有王选计算机照排；古有指南针、造纸术、火药、浑天仪、地动仪的发明，今有神舟号的相继飞天……哪个不是中华民族的智慧结晶？

自古以来，多少仁人志士为了维护人格的尊严和民族气节，以生命为代价！留下了"玉可碎不可污其白，竹可断不可毁其节"的称颂；有多少英雄豪杰，为理想和事业奋斗，面对死亡的威胁，大义凛然；有多少爱国壮士面对侵犯祖国的列强，挺身而出而献出生命。

伟大的中华民族孕育了五千年的辉煌，五千年的历史留下了璀璨的中华文明。

前 言

中国人的血脉流淌着顽强不屈的精神！我们的先辈用血汗和生命铸就了不朽的中华民族魂！换得如今中华大地的一片祥和安宁，换得我们现在的幸福生活。如今，我们要实现习近平主席提出的中国梦，依然需要我们秉承祖辈留下的这种"民族魂"。

青少年是国家的希望，亦是民族的未来。因此，爱国主义教育和励志图强教育要从青少年开始。为了增强对青少年的民族精魂和志向教育，我们精心编写了本套丛书——《民族之魂》丛书。

本套丛书将我国有史以来体现民族精神和民族魂的典型事迹，以通俗易懂的语言故事形式展现出来，适合青少年的阅读水平和欣赏角度。书中提供的人物和事件等故事，涉及社会的各个方面，有利于青少年学习和理

解，使读者能全方位地领悟中华民族精神。

为了帮助读者更好地理解和吸收故事的精神，编者在每篇故事后还给出了"心灵感悟"，旨在使故事更能贴近现实社会，让读者结合自身的需要学习领会，引发读者更深入的思考。

希望读者们可以从本套图书中获得教益，通过阅读，真正体会到中华民族之魂所在，同时能汲取其精华，不断提升自己各方面的素质和品格，为祖国新时代的建设和发展做出努力。

全套丛书分类编排，内容详尽，风格独具，是广大读者尤其是青少年爱国励志教育的优秀阅读材料。相信本套丛书一定可以成为青少年朋友的良师益友。

民族之魂

导言

中国传统上历来以"中"为处世之道的首选。我们的先贤们很早就提出了"中"的观念，并将其作为行为的准则加以运用。据《论语》记载，尧、舜、禹等上古帝王都把"允执其中"作为传位的授命辞，这是从治国方法上提出的"中"道；后来的商汤以及周代的文王、武王、周公都继承并发展了这一"中"的道统。历代学者对"中"有过很多解释。程颐道："不偏之谓中。"朱熹有："中者，无过不及之名。"陆九渊则释为："中之为德，言其无适而不宜。"王守仁的见解是："中只是天理。"

从方法上讲，"中"是适度、适中、正确，无过之无不及而恰到好处；从行为上说，"中"是合情、合理，无所偏倚而恰如其分；从道德上说，"中"是中正、公正而合乎天理人情的正道。所以，"中"可谓是一种基本方法或基本原则。从哲学范畴论，"中"主要是指人的主观认识和行为与事物的客观实际相符合，从而达到一定的预期目标，因而还有合乎客观规律的"真理"之意。

但持中处世不是不讲原则和立场，它的核心是"不偏""恰到好处"，是为人处世最根本的原则，也是体现大智慧的最佳状态。"中"是要求人们在事物的两个极端之间选取或者把握一个"中"道，并可以在人们的日常生活中加以实践。中庸做人，若为修身养性，则应思无妄、行无邪、走正道，这是为人修身的中正之道。那些遵循中庸之道的人，会从正反两个角度审视自我，正确评价自己和别人。做人的中庸内涵非常丰富，比如，人要适度工作，不能好逸恶劳，也不能劳累过度，要劳逸结合；饮食方面，不能偏食贪食，中医所谓不食则饥、过饱则伤；……凡此种种，可推及所有事物，凡修身、求学、处世、立事、齐家、治国，坚守中庸之道就会有所成，不遵守中庸之道难以成功。

在本书中，我们精心编选了历史上一些代表执中处世的人物、故事，今天读起来依然对我们有很大的启迪作用。希望读者通过阅读本书，可以从中受益，对自己的学习、工作和生活有所帮助。

淳朴的人性是天下之大本，和谐原则是天下之大道，离开中和之道，便会人心涣散、天下大乱。践行中庸之道就是要使人的行为符合人的本性、符合忠恕之道。社会人人都做到互爱互信、互尊互谅、人得其所、事得其宜，则天下太平。

目录
CONTENTS

第一篇

以中治世

周公旦改商暴虐之风

周公旦（生卒年不详），姓姬，名旦，爵位为公，因采邑在周，故称为周公，因谥号为文，又称为周文公，西周政治家。周公旦是周文王之子，排行第四，亦称叔旦，周武王之弟。武王死后，其子成王年幼，由周公旦摄政当国。周公旦的兄弟管叔、蔡叔和霍叔等人勾结商纣子武庚和徐、奄等东方夷族反叛，史称三监之乱。周公旦奉命出师，三年后平叛，并将国家势力扩展至东海。周公旦后建成周洛邑，称为"东都"。

商朝末期，周武王起兵讨纣，灭了商朝，建立周朝，定都镐京。为了恢复和平生活，周武王采取了这样一些具体措施："偃武修文，归马于华山之阳，放牛于桃林之野……"这里的"归马""放牛"是指把战时征用的牛马一律放归到农牧业生产上去。

同时，周公旦又进行了一系列的政治革新，制定爵位、分封土地、选贤任能、依才置吏、注重教化、使民富足、崇尚美德。因为这些政策武王"垂拱而天下治"，周朝一度强盛。在历史上，人们常常赞扬周武王是兼资文武的军事家和政治家。

周公是周武王姬发的弟弟，因其采邑在周（今陕西岐山北），故称周公。周公旦是西周初年著名的军事家和政治家。周武王死后，周公旦辅佐年幼的周成王理政，实际上完全由他统摄周朝。摄政期间，周公旦讨平管叔、蔡叔、霍叔的叛乱并制礼作乐，进行了一系列改革。周公旦"明德慎罚"的思想及其与此相应的革新措施，一直被后世统治者所景仰。

周公旦是与周武王一同灭商兴周的开国元勋，灭商过程中，他亲眼看到商纣王昏庸无道、"俾暴虐于百姓，以奸宄于商邑"的情形，深刻地接受了商亡的教训，决心以德治国、痛革商风。

西周建立后的第二年（前1045），武王死，周公旦摄政。鉴于商朝暴政酷刑导致灭亡的教训，于是周公开始以德教国人，他说："无作怨，勿用非谋、非彝，蔽时忱。丕则敏德，用康乃心，顾乃德，远乃猷裕，乃以民宁，不汝瑕殄。"在这种"明德慎罚"的思想指导下，周公开始推行新政。

周公首先按照殷民旧有的组织及风俗习惯妥善安置；对原来的部落统帅不但不杀不刑，反而继续用他们来统领殷商遗民，"使帅其宗氏，辑其分族，将其类丑"，以达到"选建明德，以蕃屏周"的目的。周公曾告诫有敌对情绪的康叔"汝唯小子，乃服唯弘王，应保殷民，亦唯助王宅天命，作新民"，并用"义刑义杀"来教化殷民。

对于周人，尤其是贵族、功臣，为了使他们明天子之德，周公采取了"封建亲戚"的办法，向他们"授民授疆土"。为了使"明德慎罚"的原则制度化，周公旦费尽心血制定了涉及社会各个方面的"礼乐"，将畿服、爵谥、继承、井田、刑法、礼仪等制度统归于周礼范畴之中，以新的"礼乐"为根据来教育和约束人民。

周公旦摄政七年，将殷商之风扫荡殆尽，巩固了新兴的西周政权。

成王成年后，周公旦为了实现自己制定的嫡长子继承制，不居功擅权，将朝政交给成王，表现了一位政治家的磊落胸怀。

■ 故事感悟

偃武修文的怀柔政策是战后创造太平盛世的一种策略。周公旦的这种中庸政策和改革完全是反殷商虐暴之道而行之，从而使西周出现了社会安定、经济繁荣的景象。

■ 史海撷英

周公归政成王

周公制礼作乐的第二年，也就是周公称王的第七年，将王位彻底交给了成王。

《尚书·召诰》《尚书·洛诰》中记载了周公与成王的对话，大概是在举行周公退位、成王视事的仪式上由史官记下的。在国家危难的时候，周公不避艰辛挺身而出，担当起王的重任；而当国家转危为安，走上顺利发展的道路时，他又毅然让出王位，这种无畏无私的精神始终被后代称颂。

但是，周公也并没有因为退位而放手不管，成王固然对他进行挽留，而他也不断向成王提出告诫，最有名的就是《尚书·无逸》，意思是提醒成王不要贪图安逸。

■ 文苑拾萃

诰　文

诰文最早见于《尚书》。在《尚书》中，有商汤打败夏桀后所发布的《汤

诰》，是昭告天下其所以讨伐夏桀的道理，并取得了胜利。

在《周书》中，还有《大诰》《康诰》《酒诰》等，都是以诰文的形式发布的。《大诰》是周公辅佐成王时，管叔、蔡叔、武庚等人联合淮夷作乱，周公亲自率兵东征，出师前以成王的口吻发表诰文，申述所以东征的理由。《康诰》是康叔封为卫君时，周公告诫康叔如何治理卫国的诰词，全篇讲的都是要康叔所以敬天爱民的道理。《酒诰》是周公命令康叔在卫国禁酒的诰词，要求改变殷代以来骄奢淫逸的社会风气。因此，这些所谓的诰文，其实都是王者发布政令的文书。

子产的治国刚柔相济

子产（？—前522），春秋时政治家，姓姬，名侨，字子产，郑州新郑人。子产在公元前554年任郑国卿后，实行一系列政治改革：承认私田的合法性，向土地私有者征收军赋；并铸刑书于鼎，制定了我国最早的成文法律。子产主张保留"乡校"、听取"国人"意见，他善于因才任使，并采用"宽猛相济"的治国方略，将郑国治理得秩序井然。

春秋时期，郑国的政治家子产执政后，开始实行改革，整顿贵族田地和农户编制，并把刑书（法律条文）铸在鼎上公布，使国力增强、威信提高。

子产执政以后，宽厚爱民，对百姓的自由言论从不严厉限制，而是重在引导。

当时，郑国首都有一所乡校，人们总是到那里去聚会、游玩。这样，就常常有很多人聚在乡校，议论一些国家大事。

一天，一位朝廷大臣找到了子产，建议说："我认为应该把乡校拆掉。"

"为什么？"子产不解地问。

"乡校对人教育意义不算大。再说，这么多人聚在一起评论时事，不是什么好事。"

"怎么不是好事？"

"这些人随意评论，胡说一通。有些歌颂国家的，但有些却批评政事；有的指责大臣，甚至国君。这对国家没有好处，对您也不利呀！"

子产终于明白了这位大臣的意思，于是就耐心地劝导他说："我和你的看法不一样。人们议论国家，说明他们关心国家大事，我们不要制止他们说话。他们说好话，我们听了，就认真地去执行；他们说坏话，我们也要听，可以改正或不做坏事。这样的议论，对我们大有用处啊！"

那位大臣又接着说："如果我们拆掉乡校，不好的言论自然就没有了，这不是很有效吗？"

子产说："用强力制止人们议论，不是长久之计。人们的不平憋在心里，早晚要爆发的。"

子产想了想，又说："这就好像防止河水。河水冲破河岸，出现大口子，就很难制止住。如果我们平时开个小口把水放掉一些，再加以疏导，就不至于让河水冲破河岸了。"

那位大臣茅塞顿开，急忙说："我明白了，关闭或拆毁乡校的办法，不如让它存在、让人们去议论，这更有利于我们治理国家啊。"

子产笑着点了点头，乡校终于在郑国保存下来。

子产以仁治理郑国，收效很大。他执政第一年，郑国就上下有序，尊老爱幼；执政第二年，人们言而有信；第三年，夜间不用关门，路不拾遗；第四年，人们把工具放在田里也没有人偷……

子产治理郑国26年，深受人们爱戴，所以子产死后，出现了全国百姓哭祭的情景。

公元前522年，子产病危，临死前他对大臣子太叔说："我死后，您执政。只有有德的人才能用宽容来使百姓服从，否则就莫如严厉了。火猛烈，百姓看了就害怕，因此很少有人死于火；水懦弱，百姓轻慢而玩弄它，所以死于水的人就更多。所以，宽大不容易啊！"

子产死后，子太叔执政。他不忍心严厉而只实行宽大的政策，结果郑国盗贼很多，并且聚集起来伺机闹事。子太叔后悔地说："我早听子产老人家的话，就不至于到这一步了。"于是，子太叔发兵攻打盗贼并将他们全部杀掉。这一来，其他盗贼也就收敛了。

孔子听说这件事后很赞赏，他说："善哉！政宽则民慢，慢则纠之以猛。猛则民残，残则施之以宽。宽以济猛，猛以济宽，政是以和。"（好啊！政事宽大百姓就怠慢，怠慢了就用严厉来纠正。严厉了百姓就伤残，伤残了就实施宽大。用宽大调剂严厉，用严厉调剂宽大，这样政事就调和了。）

后人用"宽猛相济"形容施政时要宽大与严厉相辅而行。这里所提出的"宽以济猛，猛以济宽"的原则，就是主张"德"与"政"，"礼"与"刑"相互补充的意思。在儒家看来，"礼"与"刑"都是治理国家的基本法规，缺一不可。正如荀子所说："治之经，礼与刑，君子以修百姓宁。明德慎罚，国家既治四海平。"

■故事感悟

子产的治国之道很好地体现了辩证法，他把多方面的问题和可能性都考虑到并采取了恰当的措施，所以能国富民强。而子太叔只执其一端，所以才会局势大乱。但子太叔知错能改，行动果断，也是值得赞扬的。

子产贿伯石

子产为政，有事伯石，赂与之邑。子大叔曰："国，皆其国也，奚独赂焉？"

子产曰："无欲实难。皆得其欲，以从其事，而要其成。非我有成，其在人乎？何爱于邑，邑将焉往？"

子大叔曰："若四国何？"

子产曰："非相违也，而相从也，四国何尤焉？《郑书》有之曰：'安定国家，必大焉先。'姑先安大，以待其所归。"

既，伯石惧而归邑，卒与之。伯有既死，使大史命伯石为卿，辞。大史退，则请命焉。复命之，又辞。如是三，乃受策入拜。子产是以恶其为人也，使次己位。

陆贾治国宽严适度

陆贾（约前240—前170），西汉政治家、文学家、思想家。其先祖为楚人。刘邦起事时，认为陆贾有口才、善辩论，常派他出使各诸侯国。高祖十一年（公元前196），陆贾奉命出使南越（今两广一带），招谕故秦南海尉赵佗臣属汉朝、立为南越王，对于安定国内局势、沟通南越与中原地区的经济文化交流起了良好的作用。陆贾出使归来，擢为太中大夫。高祖死后，吕后擅权，陆贾参与诛灭诸吕、迎立文帝刘恒，出力颇多。文帝即位后，陆贾再次出使南越，劝说自称南越武帝的赵佗废去帝号，重新恢复与中原的臣属关系。陆贾著有《楚汉春秋》和《新语》等。

战国末期，秦始皇经过十多年的统一战争，完成了统一中国的大业。

秦始皇为了巩固自己的统治，防止六国贵族和天下百姓反抗，便制定了苛刻的刑罚：光死刑就有腰斩、车裂等十多种，肉刑有笞、黥等十多种，还有族诛、连坐等酷刑。

由于刑罚过严，迫使越来越多的百姓起来反抗。公元前209年7月，

终于爆发了陈胜、吴广领导的农民大起义。秦王朝在农民起义的大风暴中迅速灭亡。

刘邦攻入咸阳以后，总结了秦朝灭亡的教训，果断地废除了秦朝严酷的刑罚。他与秦人约法三章说："父老们受秦朝苛法的苦已经很久了，批评朝廷的就得灭族，几个人在一起议论朝政的就被绑赴市曹处死……今天，我与各位父老约法三章：杀人的偿命，打伤人的和偷盗的按犯罪的轻重程度治罪。除了这三条以外，其余秦国的法律、禁令一概废除……"

百姓听后都如释重负，有了基本的安全感，都暗自庆幸，以后再也不用担心自己没有犯罪而被处死的事情发生了。

汉高祖刘邦夺得天下后，又挥师平定了韩王信、彭越、英布等诸侯王的叛乱。由于汉高祖是靠武力夺取天下的，所以他常常想加强武力而不思文教。为了改变这种重武轻文的局面，儒生陆贾时常在汉高祖面前说起诗书的重要性。汉高祖骂他说："老子骑着马得了天下，要讲究诗书干什么？"

陆贾说："皇上是骑着马得了天下，难道还能骑着马治理天下吗？打天下当然要用武力，治天下就不能不用文教。文武并用，才是长久的打算。"

汉高祖觉得陆贾的话说得有理，便开始重视文教和儒生。

以后的几年里，陆贾陆续写了12篇文章，说明从古以来国君成败的道理，一篇一篇地讲给汉高祖听。汉高祖越听越觉得有道理，没有一篇不说好的。这时，汉高祖才真正了解了文教的重要性，并极力推行，汉朝的国力很快得到了恢复和发展。

后来，陆贾又向陈平提出"天下安注意相，天下危注意将；将相和则士务附，士务附则天下虽有变而权不分"的战略方针。可见，治天下要文武并举，不可偏废。

元末明初时，有一个名叫叶子奇的人，撰写了一本名为《草木子》的书，其中有一条指出元朝失国的教训。书中说："伤武备以修文德，两尽其道，古之教也。元朝自平南宋之后，太平日久，民不知兵。将家之子，累世承袭，骄奢淫佚，自奉而已。略之不讲，但以飞觞为飞炮，酒令为军令，肉阵为军阵，讴歌为凯歌，兵政于是不修也久矣，及乎天下之变，孰能为国爪牙哉？此元之所以不振也。"这就从另一个侧面说明了武备，也就是国防意识的重要性。

对偃武修文必须有全面的、辩证的认识。在闭塞的小农经济的封建社会里，长期战乱之后国家统一，就要休养生息、发展生产、重文教、举儒生，这一时期内习武和修文相较，修文无疑是重心。但短暂的休养生息时期过去后仍一味地讲偃武，或习武与修文的位置摆得过偏，国家就将面临新的灾祸。因此，理解和运用"偃武修文"这一谋略，要参看"文治武功""有备无患"等条目互为补充，否则就会得出和平年代不习武的荒唐结论。

■故事感悟

"一张一弛"是一个政治谋略，指治理国家要宽严相济、松紧结合。治理国家十分复杂，各项方针政策的制定必须从国家前途利益出发，该严的严、该宽的宽、宽严结合、交替使用。例如秦汉的刑罚问题，秦"张而不弛"，导致国亡；而汉初汲取秦的教训，"一张一弛"、宽严适度，人民拥护、国家秩序安定。

■史海撷英

大夫山的由来

大夫山森林公园位于广州市番禺区市桥以西三千米处。据说因为这里的山顶经常云遮雾掩，山色朦胧，因而被称为"大乌岗"。后来传说为了纪

念葬于该山的陆贾大夫，便改名为大夫山。

陆贾是楚国人，是个能言善辩的谋士。刘邦平定天下后，因战乱多年，不想用兵征伐已在番禺自立为南越武王的赵佗，派陆贾南下说服赵佗归顺汉朝，还代表汉朝廷授印封赵佗为南越王。陆贾因此有功，被封为上大夫。

刘邦死后，吕太后专权，视岭南一带为蛮夷之地。赵佗对此很不满，便再次自立为南越武帝。后来，汉文帝再次派陆贾南下，又一次说服赵佗归顺汉朝。

在前后17年间，陆贾两下番禺，为维护国家统一作出了贡献。陆贾是否死于番禺，葬于大夫山，史书并无记载，而改名大夫山，也是由于后人对陆贾的敬重和怀念。

■ 文苑拾萃

《新语》

《新语》是西汉初年陆贾的政治哲学著作。在《新语》中，关于道的论述很多，概括起来主要分以下几个方面：关于道与术，其中，关于"道术"的论述凡两见：一见于《道基》篇的开篇：传曰：天生万物，以地养之，圣人成之，功德参合而道术生焉；一见于《术事》篇：道术蓄积而不舒，美玉韫椟而深藏，故怀道者须世，抱璞者待工，道为智者说，马为御者良。

哲学上提出宇宙万物都是"天地相承，气感相应而成者"，反对神仙迷信思想，但也有圣人"承天诛恶"和天人感应的神秘思想。后人称《新语》开启了贾谊、董仲舒的哲学思想，成为汉代确立儒家思想统治地位的先声。

曹参的治国之道

曹参（？—前190），字敬伯，江苏沛县人，西汉开国功臣、名将，是继萧何后的汉代第二位相国。秦二世元年（前209），曹参跟随刘邦在沛县起兵反秦，身经百战、屡建战功，攻下两国和122个县。刘邦称帝后对有功之臣论功行赏，曹参功居第二被赐爵平阳侯，仅次于萧何。

汉朝第一任相国萧何临死前，推荐担任齐国丞相的曹参代替自己。曹参接任后，凡事毫不变更，一切都遵循萧何所定的成规来办。

对于自己的执政方针，曹参是这样解释的：因为高祖与萧何已经定了天下，法令制定得非常明确。在天下太平的情况下，百姓正在努力休养生息，因此对于官吏们来说，只要严守职责，不要失职即可。

当然，"无为"而治不是无所作为，而是一切顺应自然、不以人为去有意改变客观规律。因此，"无为"只是手段而不是目的，无为的目的还是有为，这就是老子进一步阐明的"无为而无不为"。这种"无为"，从客观效果上讲是有利于人民生活安定和社会形势稳定的。

比如，曹参选择郡国官吏中不善言辞、谨慎忠厚的长者来担任下属

吏员，而对伶牙俐齿、一味追逐名声者，则立即斥退。曹参自己也不干什么事，只是日夜饮酒。卿大夫以下官员和宾客见曹参不理政务，便来求见，想劝谏他。可是一进门还没说到正题，酒席就已经摆上来了，曹参就开始劝起酒来。部下刚想开口说话，酒杯就触到了嘴边，一直到被灌醉了也始终没机会劝说。这已经成了常事。

相府的后园与吏舍相近，吏舍内天天饮酒唱歌喧闹，令相国属下的官吏感到十分厌恶，但又没有办法，于是就请曹参到后园走走，希望相国听到后能惩治一下这些不务正业的家伙。可是曹参反而叫人取来酒，自己在园中设座喝了起来，而且还唱歌喧闹，与吏舍里的那帮家伙互相应和。

曹参见别人有小过失时，也会尽量庇护掩饰。因此，相府里终日也没有什么大事发生。

然而汉惠帝觉得，相国这样每天不理政务，是不是因为我年轻而不把我放在眼里呢？于是就对曹参的儿子说："你回家试着私下里问你父亲，就说'高帝才去世不久，皇帝年纪尚轻，作为相国日日饮酒不理政事，怎么会是关心国家大事的呢？'不过别讲是我教你的。"

曹参的儿子回家后，就找了个机会劝谏曹参。曹参听了很生气，把儿子骂了一顿，说："快快进宫去侍候皇上吧，天下事还轮不到你发表言论。"

到了上朝时，皇帝就责备曹参说："你为何责罚你的儿子呢？那是我让他劝你的。"

曹参脱帽谢罪说："陛下自己认为您与高帝相比如何？"

惠帝说："朕哪敢与先帝比呢？"

曹参说："陛下看我的才能和萧何相比怎样？"

皇上说："你似乎不如萧何。"

曹参说："陛下说得很对。既然高帝与萧何平定了天下，法令已经明确，陛下垂拱而治，我等尽忠守职，遵从旧时法令而不失误，不就够了吗？"

惠帝说："说得好，您去歇着吧！"

曹参当了三年相国后去世，百姓就歌颂他说："萧何制法，整齐划一；曹参接替，守而不失。承其清静，百姓安宁。"

■故事感悟

在武术中，有"四两拨千斤"一招。这招的实质就是如果拿捏得准，用很小的一点力气，就可以产生出花几倍的力气才能产生的效果。曹参是一个聪明人，看起来他似乎没有干什么事，但实际上他干了不少事，不然国家怎么如此安定呢？百姓对他的赞美就是一个最有力的证明。

■史海撷英

曹参会做人

刘邦在位期间，一直十分信任曹参。韩信官拜大将军时，曹参就被派为韩信的副手，身负监视韩信的特殊使命。

攻打项羽，刘邦在成皋兵败，导致全军覆没。刘邦落荒而逃，惶惶如丧家之犬。当时，刘邦身边只有为他驾车的夏侯婴一人，因而心慌意乱，以致半路上为了加快逃窜速度，摆脱追兵，三次将自己的亲生儿女从车上推下，欲弃之不顾而去。最后，刘邦终于狼狈不堪地逃到了韩信军中。

这时正值夜半，韩信还在酣睡，安插在韩信身边的曹参就出来接驾了。刘邦正是在曹参的带领下，直接冲入韩信的卧室，将兵符收归己有，军权易手，随后立即重振声势。所以，曹参可以说是刘邦的密探。

　　在参与夺取兵权事件之后，韩信本应对曹参时刻提防才是，可韩信与曹参却依然和平共处。以韩信的狂妄自负，刚愎自用，要做到这点确实不容易。另一方面，曹参能够在韩信身边多年，同时又让刘邦不怀疑他，可以说是左右逢源。由此可见，曹参是十分会处世做人的。

■ 文苑拾萃

曹参庙

（宋）李复

百战皆收第一功，几回旁叹泣良弓。
白头始识人间事，归向东州问盖公。

丙吉不求全责备

丙吉（？—前55），字少卿。西汉鲁国（今山东曲阜）人。丙吉自幼学习律令，曾任鲁国狱吏，因有功绩，被提拔到朝中任廷尉右监（廷尉的高级佐官），后因涉案受株连被罢官，后来调到长安任狱吏。宣帝即位后丙吉任御史大夫、丞相等职。

西汉时期，暮春的一天，汉宣帝的丞相丙吉带着几个随从，坐着马车外出办事。

当马车正在长安大街上行驶时，前面的道路却被堵塞了。原来，刚刚有一群人在这里打架斗殴，不仅打伤了好几个人，而且还有一两个人倒在地上起不来了。

众人一见要闹出人命了，都惊慌不已、议论纷纷，不知道该怎么办才好，以致见到丞相的车来了都没来得及回避让道。

车夫把马车停了下来，他想，丞相一定会让人去了解一下这里打架斗殴的情况，然后加以处理的。可是，丙吉却像没有看见路上发生的事一样，挥挥手就让车夫继续前行。

车夫一挥鞭子，马车继续前行。刚出城，丙吉就看到一个农民正赶

着一头牛往前走，而那头牛一边走一边不停地喘着粗气，还不时地把舌头吐出来。

丙吉马上叫车夫把马车停下来，并对一个骑马的随从说："你去问问那个农民，他赶着牛走了多少里路了，为什么那牛会喘气不止？"

坐在丙吉旁边的一个下属官员对丙吉的举动很不理解，不禁问他说："大人刚才对人命关天的事视而不见，现在见到一头牛吐舌喘气却停车询问，是不是有点重畜轻人、不够妥当呢？"

丙吉听后，回答说："你错了！市民斗殴伤人，这应该由长安令、京兆尹等官员去处理。丞相的职责是考核这些官员的政绩，然后奏请皇上进行赏罚。作为丞相，没有必要事事都要亲自过问的，而应该关心国家大事。所以，我才没有停下车来去管那些打架斗殴之类的事情。"

"那大人为什么又如此关心这头牛呢？"那位官员还是感到不理解。

丙吉说："至于这头牛，情况就不同了。现在还是春天，照理说天气还不应该太热，但我却看到这头牛热得吐舌喘气。如果是因为这头牛已经走了很远的路当然不奇怪，但如果并没有走多远的路，而是因为天太热的缘故才吐舌喘气，那就说明今年的天气不正常，农事会受到影响。这可是关系国计民生的大事了，正是做丞相的人应该关心的，所以就要停下车来了解情况。"

听完丙吉的话，那位官员这才明白过来，心想："丙丞相可真是知大节识大体啊！"

■ 故事感悟

丙吉不愧为名相，他对民生的治理采用了中庸之道，不究细节，以大局为重，这种治世之道赢得了百姓的称赞。这也是我们当今的管理者和执政者需要学习和借鉴的。

丙吉守大义

汉武帝29岁那年，卫皇后为他生了第一个儿子刘据，并被立为太子。后因巫蛊事件，卫皇后自杀，刘据及其两个儿子也都先后被杀或自杀。

刘据案发生后，丙吉负责处理此案。当时，刘据的孙子刘病已刚一出生就被关进了监狱，丙吉知道太子是被诬陷的，也怜悯这个无辜的婴儿，于是就让忠厚谨慎的女囚胡组、郭征卿住在宽敞干净的房间哺育皇重孙。

后来汉武帝病了，望气者说，长安的监狱中有天子气，武帝便派遣使者，命其将监狱中的人一律处死。

夜晚使者来到监狱，丙吉紧闭大门，说道："皇重孙在此，普通人都不能无辜被杀，何况皇上的亲曾孙呢？"

到了天亮，使者没办法，就回去禀报汉武帝。汉武帝此时也清醒了，说："天使之也。"于是大赦天下。

咏史上·丙吉

（宋）陈普

污茵驭吏习边方，阿保宫人畏霍光。
丞相马前人蹀血，病牛何足累阴阳。

龚太守平盗谋略

龚遂（生卒年不详），字少卿，山阳郡南平阳县（今邹城市平阳寺）人，以明经为昌邑王郎中令。

西汉宣帝初期，渤海郡遭受连年的灾害，强盗蜂拥而起，杀人抢劫、偷盗财物、占山为王。大路上随处可见成群结队的逃生者，在刺骨的寒风中冻得瑟瑟发抖……

就在这种情况下，70多岁的龚遂被皇帝任命为渤海郡太守，承担起平息渤海郡混乱的重任。接到皇帝任命后，龚遂日夜兼程，赶到京城去见皇帝。当汉宣帝看到身材矮小、相貌平平的龚遂与自己听说的大不一样时，心想："这么一个小老头儿，能行吗？"

"现在渤海郡很乱，派了很多人去，花费了大量的钱财也不能平息，朕心里很担忧，你看这件事如何处理才好呢？"汉宣帝试探着问龚遂。

龚遂回答说："渤海郡地处偏远地区，本来文化就很落后，加上天灾连年，当地的官员又不怜爱灾民，灾民感到实在活不下去了，才去做盗贼的。"

汉宣帝问："如果你到了那里，准备用什么方法治理呢？"

龚遂说："皇上的意思是让我带兵打败这些盗贼，还是安抚这些盗贼呢？"

汉宣帝听龚遂这么一说很高兴，说："我之所以决定要选拔一个有才能的人去担任渤海郡太守，当然最好是安抚了。"

"我想，应以仁德之心去安抚渤海郡的老百姓，而不能用军队去剿灭。如果皇上赞成用安抚的办法去治理渤海郡，就不能着急，只能像解一团乱绳子一样，一步步地慢慢来。"龚遂满怀信心地说。

宣帝说："可以，只要你能平息那里的盗贼就行。"

龚遂接着说："不过，我有一个要求：希望主管大臣不要用通常捕捉盗贼的规定来约束我。"

宣帝说："可以，希望你能尽快启程，赶往渤海郡。"

龚遂到了渤海郡后就遣走保护他的卫兵，下令各县撤回捕捉盗贼的官吏，又向郡内百姓发布新的法令。法令宣布："从今天起，凡是手里拿着种田工具的人都是好的臣民，过去的事情不再追究。只有那些继续拿着兵器的人才是盗贼。"

百姓看到新法令后，便都放下心来，不再担心自己被官府当成盗贼而东躲西藏。这样一来，龚遂没费一兵一卒，渤海郡的盗贼就逐渐平息下来。

为了使百姓永弃兵器、勤务农耕、安居乐业，为了盗贼不再出现，龚遂还下令开仓放粮，救济当地的贫民百姓。

龚遂以身作则，非常节俭，还经常到田间村舍了解情况，关心百姓的疾苦，劝导百姓精心种田。百姓有佩刀剑的，龚遂就让他们卖剑买牛、卖刀买犊，并劝他们说："你们为什么带刀佩剑，而不多准备些农具好好耕种农田呢？"

在龚遂的治理下，渤海郡的百姓人人都勤于农桑。龚遂在秋冬时节征收的赋税也很轻。这样不到几年的时间，渤海郡便被治理得井井有条，百姓生活也好了起来。整个郡内非常太平，夜不闭户、路不拾遗。龚遂也受到百姓的拥护和尊敬。

汉宣帝看到龚遂将渤海郡治理得这么好，政绩显著，便把龚遂召回京城。听了龚遂的汇报，汉宣帝对龚遂非常赞赏。

■故事感悟

治理国家首先要爱护百姓。龚遂用仁爱之心对待百姓，用宽缓、中庸的办法治理渤海郡，至今仍被传为美谈。

■史海撷英

龚遂刚正不阿

西汉时期，昌邑王刘贺多有不正，而龚遂则为人忠厚，刚正不阿。龚遂屡屡劝谏刘贺，刘贺不但不听，反而"掩耳起走"，并对别人说："郎中令最善于羞辱人了。"因此，国中的僚属都很惧怕刘贺，不敢轻易劝谏他。

汉昭帝驾崩后，因为没有子嗣，就立昌邑王刘贺为天子。在国丧期间，刘贺不仅不履行帝王之责，无哀伤之容，还"日益骄溢，谏之不复听"，且"日与近臣饮食作乐，斗虎豹，召皮轩，车九流，驱驰东西，所为悖道"。龚遂多次劝谏都无效。

刘贺即位27天后，终因荒淫无道而被废，汉朝另立刘询为帝，是为汉宣帝。刘贺被废后，原有昌邑王府群臣200余人都被诛，唯独龚遂与中尉王阳因屡谏未堕其流而免死，只以髡发示众处置。

龚遂

（宋）徐钧

带牛佩犊俗难平，喜得公来便息兵。
最是有功能不伐，君前犹自逊王生。

刘秀执政威而不猛

刘秀（前6—57），东汉开国皇帝，25—57年在位，年号建武、建武中元，谥号光武皇帝，中国古代著名的政治家、军事家。新朝末年，海内分崩、天下大乱，刘秀与兄在家乡乘势起兵，与诸豪杰并争天下。25年，刘秀与更始政权公开决裂，在河北城的千秋亭登基称帝，依照封建王朝"家天下"的传统，刘秀所建立的王朝沿用了其祖先的国号——"汉"，史称东汉或后汉。经过长达十数年的统一战争，刘秀先后平灭了绿林、赤眉、刘永、张步、隗嚣、公孙述等诸多割据势力和百余万的大小农民起义军，使得自新莽末年以来纷争战乱20余年的中华大地再次归于一统。

汉光武帝刘秀的手段是十分高明的，他曾得意地讲："吾理天下，亦欲以柔道行之。"这里所谓的"柔道"乃是一种屈伸相辅、以柔克刚的韬略思想。刘秀以这种思想驾驭群臣，可谓得心应手。以邓禹为首的众多开国元勋与功劳显赫的文官武将，朝野存留皆在刘秀掌握之中。

刘秀以"延揽英雄，务悦民心"而夺天下，天下既定，"于是大飨将士，功臣增邑更封，凡365人，外戚恩泽封者45人""定封邓禹为高密侯，食四县……余各有差"。

当时，有个名叫丁恭的博士认为，恩宠有过，于统治不利，于是提出反对意见："古者封诸侯，不过百里，强干弱枝，所以为治也。"而刘秀却不以为然，认为"古之亡国皆以无道，未尝闻功臣地多而灭亡者也"。

刘秀如此"恢廓大度"、坦诚相待，犹如"推赤心置人腹中"，群臣怎么能不永生感恩戴德、鼎力相辅、誓死效命、忠贞不二呢？

公元40年秋，"河南尹张伋及诸郡守十余人，皆坐田不实，下狱死"。张伋等人借大量田亩之名，弄虚作假、侵扰百姓，理当严惩不贷。事后，刘秀又以此探询虎贲中郎将马援的意见，并说："吾恨杀前守，相多也。"

功臣马援回答得十分得体："死得其罪，何多之有！"

刘秀听罢大笑。在这里，与其说刘秀是在探询功臣们的意见，还不如说是一种严正警告更为恰当。

不仅如此，刘秀在"封功臣皆为列侯"的同时，还不时地敲敲警钟。比如建武二年，刘秀就下诏告诫众功臣说："人情得足，苦于放纵，快须臾之欲，忘慎罚义。唯诸侯业远功大，诚欲传于无穷，宜如临深渊，如履薄冰，战战栗栗，日慎一日。"

刘秀引经据典，并以至圣黄帝遗训指明：功臣们要想永远保持高官厚禄的地位、过荣华富贵的生活，并荫泽子孙后代，那么就应以"如临深渊，如履薄冰"严肃谨慎的态度时时刻刻恪尽职守，不得有半点放纵或大意。

如果说刘秀杀赃官不徇人情是为了以一儆百，使功臣们畏惧小心，那么下诏告诫则可以说是晓之以理、动之以情，又足以使功臣敬服了。可见，刘秀对群臣的良苦用心非同一般。

刘秀深知，开国功臣一旦"坐大"，就会对皇权构成严重威胁，信任和加封、劝诫与感化等，都不过是权宜之计，根本的措施还在于解除这些功臣的实权，即"退功臣，而进文吏"。在解除功臣实权的过程中，刘秀做得也很有章法，先是"帝在兵间久，厌武事"，再"不欲功臣，拥众京师"。邓禹、贾复等开国元勋明白刘秀的意思，于是纷纷交出兵权。其他功臣宿将"帝亦思念，欲完功臣爵士，不令以吏职为过，遂罢左右将军官。耿弇等亦上大将军印绶"。由此看来，刘秀解除大将兵权先是启发诱导，促其心领神会，继而以关怀仁爱之心保全功臣晚节之义相规劝，可谓名正言顺。

"贾复刚毅方直"，业已解职还家养老。但朱祐不识时务，依然推荐德高望重的贾复为宰相。刘秀断然声明："政事可由三公负责，故功臣并不为用！"

也就是说，功臣元老尽可在家锦衣玉食、享受天伦之乐，即使德才兼备也不能参与朝政、手握兵权。在"权力"这一根本问题上，刘秀是毫不让步的。满朝的功臣，仅邓禹等三人尚可"参议国家大事"，但充其量也只是当个顾问而已。

史料记载："帝虽制御功臣，而每能回容，宥其小失。"特别是"远方贡珍甘，必先遍赐诸侯"。可见，刘秀对功臣的小过都表示谅解、不予追究；他不仅赏赐给功臣可观的封地、民户和钱帛，而且不忘旧情、温暖其心。尤其是对衣锦还乡而不再参与朝政的诸侯，刘秀也是时常派官员前去慰问，并把异域朝贡的奇珍瑰宝、甘鲜美味等分赐给这些离职的功臣宿将，从而使其颐养天年、沐浴龙恩。

■故事感悟

正由于光武帝采取了一系列刚柔相济的防范措施，并以精明的政治手段稳妥地解决了开国元勋权力过大这一棘手问题，所以统治集团内部没有发生内讧和残杀，从而保持了东汉初期统治的相对稳定。

■史海撷英

光武帝实行度田政策

东汉政权本来是在豪强势力的支持下建立起来的，然而，豪强势力的发展，土地兼并的逐渐严重，既威胁到了皇权，也影响了百姓的正常生活。

为了能够加强朝廷对全国垦田和劳动人手的控制，平均赋税徭役负担，光武帝刘秀于建武十五年（39年）下诏："州郡检核垦田顷亩及户口年纪，又考察两千石长吏阿枉不平者。"令各郡县丈量土地，核实户口，作为纠正垦田、人口和赋税的根据。

然而，诏下之后，遇到了豪强势力的抵制。于是，光武帝下令将度田不实的河南尹张伋及其他诸郡太守十余人处死，并表示要严厉追查下去，结果引起了各地豪强大姓的强烈反抗，有的地区甚至爆发武装叛乱，"青、徐、幽、冀四州尤甚"。无奈之下，光武帝只得不了了之。于是，度田以失败告终。

但是，由于各项政策措施都不同程度地实行了，所以也为恢复发展社会生产创造了有利条件，使得垦田、人口等都有了大幅度的增加，从而奠定了东汉前期80年间国家强盛的物质基础。

■文苑拾萃

《汉二祖优劣论》

《汉二祖优劣论》为三国时期魏武帝曹操四子曹植所作。曹植认为，汉家二祖，均起于布衣，终能拨乱反正，成就了一代霸业，因此都是帝王

中非常了不起的人物。

　　曹植还认为，汉高祖刘邦"缺谋少策"，结果使其在战争中屡屡处于被动，不得不依靠韩、彭等人。晚年后，他又对身后事缺乏远虑，结果导致后来的吕氏弄权，险些葬送了汉室江山。

　　对于汉世祖刘秀，曹植则用洋洋洒洒的文字表达了对其无比得崇敬。在曹植看来，光武帝非常英明，几乎就是帝王中的完人。而光武帝的兴起，也正应了孟子所说的"五百年必有王者兴"的论断。因此，曹植认为，世祖远胜于高祖。

诸葛亮"和抚"南中

诸葛亮（181—234），字孔明，号卧龙（也作伏龙），琅玡阳都（今山东临沂市沂南县）人，蜀汉丞相，三国时期杰出的政治家、战略家、发明家、军事家。在刘禅继位后被封为武乡侯，谥曰忠武侯；后来的东晋政权为了推崇诸葛亮的军事才能，特追封他为武兴王。诸葛亮的代表作有《前出师表》《诫子书》等，并发明了木牛流马、孔明灯等。成都有武侯祠。

刘备三顾茅庐，邀请诸葛亮辅佐自己。诸葛亮出山后，便担任刘备的军师。刘备建立蜀汉政权后，诸葛亮一直任丞相，刘禅继位后被封为武乡侯。诸葛亮鞠躬尽瘁，为蜀汉事业付出了全部的精力。

治理蜀汉之初，诸葛亮崇尚严刑峻法，主张加强中央集权，打击分裂割据势力，并制定《蜀科》作为蜀汉的法典，而且执法严明。

然而，诸葛亮这些措施也引起一些人的非议。尚书令、护军将军法正建议推行温和的政策，因此上书诸葛亮说："从前汉高祖刘邦进入关中时，曾经约法三章，秦国百姓懂得了德政。希望您能逐步放松严刑峻法，以抚慰蜀汉百姓的愿望。"

但诸葛亮认为，蜀汉的情况同当时刘邦平定三秦时的情况大不一样，不能作为对比。诸葛亮说："秦国推行严酷的暴政，使百姓怨声载道、不堪忍受、揭竿而起，天下大乱。汉高祖有鉴于此，推行宽大政策。刘璋治蜀软弱昏庸、德政推行不了、刑法不严，造成君臣关系逐渐颠倒。现在我施行严刑峻法，法治推行了，人们便知道什么是恩德；再以官位加以限制，得到了官位，人们便知道什么是荣耀。荣耀和恩德并施，君臣关系明确，才是最重要的治国之道。"

刘备死后，其子刘禅继位，称为"后主"。为了协助刘禅治理蜀国，诸葛亮精简官僚机构，制定法规，以软硬两手辅助后主刘禅治国。

为了稳定蜀汉政权，诸葛亮决定出兵云南、贵州和四川交界地区，讨伐南中叛乱。出发前，参军马谡对诸葛亮说："那个地方的人凭仗地势险要，早就有叛逆之心。哪怕今天被征服，明天又会翻脸……用兵的道理在于攻心为上策、攻城为下策，心战为上策、兵战为下策。只愿您能使他们心服。"

诸葛亮接受了这个正确的建议，以柔克刚、恩威并重，用强硬手段七次抓住孟获，又以仁慈之心七次释放孟获，最终让孟获甘心臣服，从而平定西南少数民族地区，为稳定蜀汉政权奠定基础。

此后，诸葛亮继续用宽猛相济的政策治理蜀汉，取得了很好的成效。

在叙述"七擒孟获"故事之前，必须介绍南中叛乱的由来。

在蜀汉管辖的南中地区（辖境包括今云南、贵州和四川南部一带），自古以来被称为"夷越之地"，居住着叟、青羌等多种少数民族。东汉中后期，政治腐败，贪官污吏横行，对人民横征暴敛，南中各民族也深受这种暴虐统治之害。

东汉统治者对西南各族人民的压迫和剥削，激起了各族民众的多次反抗。虽然每一次起义和反抗最终都被统治者残酷镇压下去，但斗争却总是此起彼伏，从未间断过。

面对东汉时期这种民族矛盾尖锐复杂的情况，诸葛亮早在《隆中对》中就提出"西和诸戎，南抚夷越"的民族和睦方针，认为这是刘备集团占据益州后巩固内部、求得发展重要前提之一。

刘备入主益州之后，先后令"轻财果毅"的邓方和处事干练的李恢为南中地区主政长官。由于他们很好地执行了诸葛亮的"和抚"政策，不过重剥削压迫少数民族，并且约束地方官吏和豪强的霸道行为，在一定程度上得到了南中各族人民的支持和拥护，缓和了民族矛盾，蜀汉政府对南中地区的控制也得到了加强。

但是，蜀汉政府的"和抚"政策却遭到一部分蓄意制造分裂的汉族豪强地主和少数民族"夷帅"抵制和反对，他们蠢蠢欲动，伺机发动叛乱。

就在刘备去世不久，益州郡（治所在今云南省晋宁县东）豪强地主雍闿便乘蜀汉力量削弱之机，发动大规模的武装叛乱，杀死了焦璜，又抓了继任太守张裔，把他押送给东吴。此时，东吴也公开声援这股叛乱势力，任命雍闿为永昌太守。东吴的插手，使南中的局势更趋复杂化。

接着，越巂（治所在今四川省西昌东南）的少数民族贵族高定、牂牁（今贵州省西部）太守朱褒也跟从雍闿，起兵反叛。雍闿又拉拢当地另外一个少数民族首领孟获，并制造谣言挑拨民族关系，使不少人受欺骗而参加叛军。这样一来，除永昌郡以外，叛乱几乎席卷了整个南中地区。

雍闿等人的叛乱，给蜀汉政权造成严重的威胁。面对这一局面，诸葛亮冷静地处理，他一方面对南中采取"抚而不讨"的策略，积极做说服争取的工作；另一方面着手恢复和加强吴蜀联盟。虽然在刘备病死之

前，吴蜀两国已经基本讲和，但相互之间仍然不信任；东吴向魏国称臣，而且又公然支持雍闿的叛乱，更是表示了不友好的态度。

为了避免蜀国两面受敌，诸葛亮认为与东吴恢复和好是当务之急。只有恢复和加强吴蜀之间的联盟关系，解除来自东边的威胁，才能有利于蜀国的南征平叛和以后的北伐曹魏。

就在刘禅即位当年（223年），诸葛亮派出具有卓越外交才能的邓芝出使东吴。经过邓芝的不懈努力，孙权终于断绝了与魏国的关系，重新与蜀国结盟，同时又派遣使臣回报蜀国，从此吴蜀正式言归于好。

蜀汉建兴三年（225年）春天，诸葛亮率领大军，浩浩荡荡地向南中进发。

蜀军分成三路前进：东路军由马忠率领，进攻牂牁郡；中路军由李恢率领，进攻益州郡；诸葛亮率领西路军，直扑越巂。蜀军具有极强的战斗力，叛军根本不是对手。不久，西路军一举消灭高定的叛军，收复越巂。与此同时，东路军也打败了朱褒，攻进了牂牁郡。东西两翼叛乱武装被肃清之后，三路大军在诸葛亮指挥下，分别直捣叛乱的最后据点益州郡。

225年5月，诸葛亮率军渡过泸水（今金沙江），进入益州郡。此时，前来与高定会合的雍闿在内江中已被高定部下袭杀，孟获做了叛军的主帅。孟获在益州地区很有威望，那里的少数民族和汉人都很听他的话。于是，诸葛亮决心对这位少数民族首领采用"攻心"战术，使他心悦诚服，以改变南中时常"叛乱"的局面。于是，他命令将士生擒孟获，不准杀害。

当孟获在盘江上游（今云南省曲靖市地区一段）要和诸葛亮决一死战时，第一仗就被生擒活捉。诸葛亮好言抚慰他，还布列营阵带他参观，然后问他："你看我们的军队怎么样？"

孟获虽然被擒，但内心还是很不服气，他傲慢地回答说："原本不知你们的虚实，所以打了败仗。今天承蒙赐观营阵，看起来也不外如此。若是能放我回去整兵再战，我是一定能够打败你们的。"

诸葛亮听了孟获的话，知道他不服，就笑着把他释放，并叫他整顿兵马，再来决战。

孟获回去集合部众，又来战斗，结果还是兵败被捉。

就这样，诸葛亮对孟获纵擒达七次之多，最后第七次诸葛亮释放孟获时，孟获既钦佩又感动地说："丞相天威，我们南人决不再造反了。"

诸葛亮降服了孟获，继续统兵南下，不久蜀军六路大军在滇池会师。至此，叛乱全部平定，南中战事基本胜利结束。诸葛亮"纵擒"孟获是"攻心"政策的具体体现，是诸葛亮用军事和政治相结合方针的胜利。

在此次南征中，诸葛亮的军队纪律严明，禁止烧杀抢掠，注意搞好同当地少数民族的关系，在坚决打击叛军主要头目中的死硬分子的同时，争取次要而有影响的头目。正因为如此，蜀军从春天三月出兵至秋天"遂平四郡"，用了不到半年的时间，就把叛乱长达两三年之久的反叛势力剪除。

平叛胜利结束，蜀军全部撤回成都。为了争取少数民族首领和蜀汉政府合作，诸葛亮尽量录用当地各方面有影响的上层人物，让他们担任南中地区各级政府官吏。对于其中威信较高、实力较强的首领，诸葛亮还把他们带回成都，给他们很高的官职，如孟获就在蜀汉朝廷中担任负责监察的御史中丞。诸葛亮这样做，就是为了增强民族团结，以便更好地治理南中，无疑也是对东汉以来汉人统治少数民族、实行残酷压迫的弊政的改革，其历史意义不容低估。

为了便于蜀汉政府管理和控制这些地区，诸葛亮把原来叛乱地区的四个郡改为六个郡，并派一些当地人或熟悉当地情况的人担任郡守。郡

数增加、郡区缩小，有利于防止地方势力过大搞分裂割据，这也是诸葛亮加强蜀汉中央集权所采取的有力措施。

为了改变南中地区的落后面貌，发展南中地区的农业生产，诸葛亮还派内地人到那里推广先进的农业生产技术。那里的少数民族本来采用刀耕火种的落后耕作方法，诸葛亮帮助他们很快就学会了牛耕，并学会了织锦和其他手工技艺。诸葛亮还注意在这一地区兴修水利、灌溉农田、扩大耕地面积。这样一来，那些原来居住在深山密林中过着原始狩猎生活的少数民族也逐渐迁居到平地、建立村落、从事农桑生产。

南中地区开发之后，给蜀汉政权带来很大好处。当地生产的金、银等矿物，以及耕牛、战马等都源源不绝地运到蜀中，增强了蜀汉的经济力量。此外，诸葛亮还从当地少数民族中选取一批强壮男子编成军队，连同他们的家属一万多户迁到蜀中，以补充蜀汉兵源的不足。这支军队骁勇善战，号称"飞军"，成为蜀军中的精锐。

□故事感悟

诸葛亮对少数民族实行的"和抚"政策和措施，对加强祖国西南地区的统一、促进西南各族间的友好往来和社会经济进步，起了积极作用。他在开发西南地区方面的功绩是应该充分给予肯定的。正因为如此，千百年来南中各族人民对诸葛亮寄予深切的怀念，从南中地区流传至今的许多生动的有关诸葛亮的故事中，就可看出这一点。

□史海撷英

普洱茶的"茶祖"

中国的茶文化可谓源远流长，这不能不说是诸葛亮对茶文化的贡献。

诸葛亮率军南征到云南地区时，将士们因遇到山中的瘴气而中毒染病。有一天，诸葛亮忽然梦见一位白发老人，顿时悟出以茶祛病的方法。结果是茶到病除，士气大振。

为了答谢白发老人的托梦之恩，更为了造福当地百姓，征战结束后，诸葛亮在当地大山中播下了大量茶籽，种茶成林，并把烹茶技艺传授给当地人。因此在云南的古茶区，便有"孔明山""孔明茶"等。每年农历七月二十三日诸葛亮诞辰日，当地人还要举办"茶祖会"，以纪念诸葛亮为当地人们带来茶种，带来健康，带来先进文化的贤德。

■文苑拾萃

《诫子书》

《诫子书》是诸葛亮在54岁临终前写给自己8岁的儿子诸葛瞻的一封家书，成为后世历代学子修身立志的名篇。

《诫子书》可以看成是诸葛亮对自己一生的总结。诸葛亮是一位品格高洁、才学渊博的父亲，对儿子的殷殷教诲与无限期望尽在书中。通过这些智慧理性、简练谨严的文字，也将普天下为人父者的爱子之情表达得情深意切。

王浚怀制止谗言

王浚（252—314），字彭祖，太原晋阳（今山西太原）人。西晋著名将领。

三国末期（280年），西晋名将王浚利用火烧铁索的计策灭掉东吴，三国分裂的局面至此结束，国家又重新归于统一。在这一历史事件中，王浚可谓功不可没。

然而让人没料到的是，王浚克敌制胜之日，竟然也是受谗遭诬之时。安东将军王浑以不服从指挥为由，要求将王浚交由司法部门论罪；接着，又诬王浚攻入建康之后，大量抢劫吴宫珍宝据为己有。

这一诬告，令功勋卓著的王浚感到十分畏惧。

然而王浚又想不通，自己立了大功，反而这样被大臣所压制，一再被弹劾。王浚愤愤不平，每次觐见皇帝时，都一再陈述自己在伐吴之战中的种种辛苦，什么不听指挥和抢劫都是冤枉之词！有几次他越说越激动，甚至不向皇帝辞别，就怏怏不快地离开朝廷。

王浚的一个亲戚范通见状，就对他说："足下的功劳可谓大了，可惜足下说话办事失度，未能做到尽善尽美！"

王浚眼一瞪问："这话什么意思？"

范通推心置腹地说："足下凯旋归来之日，应当退居家中，再也不要提伐吴之事。从今天起你就说：'是皇上的圣明、诸位将帅的努力，我有什么功劳可夸的！'这样，王浑能不惭愧吗？"

王浚按照他的话去做了，谗言果然自息。

█故事感悟

自以为有功便忘了上级，是讨人嫌的，容易招致上司嫉恨。自己的功劳不表白功劳也还在，而由自己表白出来，别人的功劳放在哪？所以不合人情的捧场行为，是很危险的事情。

顺宗随遇而安

唐顺宗李诵（761—806），汉族，唐德宗长子，曾用年号永贞，谥号至德大圣大安孝皇帝，庙号顺宗，葬于丰陵。顺宗在位期间，没有以皇帝身份过一个新年。即位当年的新年，他就已经是太上皇了。算起来，顺宗在位时间还不足300天，在整个唐朝皇统体系中，他是在位时间最短的一位。就算在整个中国历史上，唐顺宗也是在位时间最短的皇帝之一。

李诵做太子时，便好壮语，以天下为己任。太子有贤名服人心，自然也是顺利当上皇帝的一个先决条件。

当时，翰林待诏王叔文因为下得一手好棋，故而能出入东宫，陪伴太子李诵娱乐。王叔文饱读诗书，深谙治国安邦之道，有空就给李诵讲述民间疾苦。

有一天，李诵和陪伴他读书的官员谈天。有人说，最近几年，皇宫里的宦官经常到集市强买东西，付钱很少，甚至不付钱，使买卖人空手而归，导致百姓怨声载道，大家都把这种现象叫作"宫市"。李诵听完，兴致勃勃地说："我知道这件事，正想尽力向主上进言呢！"

　　大家听了太子的话，都拍手叫好赞成，唯有王叔文站在一旁默不作声，李诵感到有些奇怪。等大家告辞时，李诵就把王叔文留下问他："刚才我说要向主上进言，先生一言不发，难道有什么想法吗？"

　　王叔文点点头，说："承蒙太子的宠信，有什么见解敢不禀告吗？我知道，身为太子，首先要尽孝道，应该关心陛下的饮食起居，经常向陛下请安，而不应该谈论外面的事儿。况且改革一事又是当前的敏感问题，您若过分热心，别人会以为您邀名邀利招揽人心，如果陛下因此而疑忌于您，您将何以自明？"

　　李诵听了这番话大吃一惊，细细琢磨王叔文的话，觉得很有道理，心里也颇有些后怕。父皇一向袒护宫市，如果同父皇闹翻了，太子就做不成了，将来也就无法施展自己的政治抱负了。因此，李诵流着眼泪对王叔文说："幸亏先生指点我，不然我真不懂得这个道理！"

　　德宗晚年荒淫而又专制，太子有话也不敢说。直至熬到继位，方才有了唐朝后期著名的顺宗改革。

故事感悟

　　藏锋露拙与锋芒毕露，是两种截然相反的处世方式。锋芒指人显露在外表的才干。有才干本是好事、是事业成功的基础，在恰当的场合显露出来是十分必要的。但带刺的玫瑰最容易伤人，也会刺伤自己。露才一定要适时、适当，时时处处才华毕现只会招致嫉恨和打击，导致失败，不是智者的所作所为。

■史海撷英

唐顺宗多能

唐顺宗李诵在做太子的26年中，亲身经历了藩镇叛乱的混乱和烽火，也耳闻目睹了朝廷大臣的倾轧与攻讦，因此在政治上逐渐走向成熟。史书上对他的评价是："慈孝宽大，仁而善断。"

顺宗对各种技艺学术都很上心，对佛教经典也有涉猎，而且写得一手好字，尤其擅长隶书。每逢德宗作诗赐予大臣和方镇节度使时，一定都是命太子李诵书写的。而尤其令人称道的是，在建中四年（783年）的"泾师之变"随皇帝出逃避乱时，太子李诵执剑殿后。在40多天的奉天保卫战中，面对朱泚叛军的进逼，他常常身先禁旅，乘城拒敌。将士们在他的督促和激励下，无不奋勇杀敌，取得了奉天保卫战的胜利，也确保了出逃的德宗的安全。

■文苑拾萃

冉　溪

（唐）柳宗元

少时陈力希公侯，许国不复为身谋。
风波一跌逝万里，壮心瓦解空缧囚。
缧囚终老无余事，愿卜湘西冉溪地。
却学寿张樊敬侯，种漆南园待成器。

咏　史

（唐）柳宗元

燕有黄金台，远致望诸君。

嗛嗛事强怨，三岁有奇勋。
悠哉辟疆理，东海漫浮云。
宁知世情异，嘉谷坐燋焚。
致令委金石，谁顾蠢蠕群。
风波欻潜构，遗恨意纷纭。
岂不善图后，交私非所闻。
为忠不顾内，晏子亦垂文。

上官均持平断案

　　上官均（1038—1115），字彦衡，宋邵州邵武（今福建省邵武县）人，上官凝次子，神宗熙宁三年（1070年）进士，累官侍御史、大理寺少卿、右文殿修撰、集英殿修撰、给事中、朝议大夫，进爵历阳县开国男。上官均任朝廷谏官时，先后参罢首辅大吏蔡确、张璪、苏辙、李清臣等，政和中以龙图阁待制致仕，卒年78岁。上官均著有《曲礼讲义》2卷、《奏议》10卷、《广陵文集》50卷，有子上官怡。

　　上官均自从踏入仕途之后，以其弹纠不避嫌隙、持正论法饮誉同僚，史称"其为人若可观"。

　　元丰（1078—1085）年间，经蔡确举荐，上官均出任监察御史。当时，相州（今河南安阳）发生一起劫掠杀人案。经地方法司审理后，大理寺详断官对断案结果也予以认同。但是，审刑院及刑部对此却有疑议，京师中有流言称，大理详断官窦莘等接受贿赂，所以才会徇私枉法，认同相州法司的处断意见。最后，这起涉嫌受贿案由御史台负责审理，时任知谏院的蔡确也受命参与其中。

　　蔡确引荐数十名以猜忌、险刻为能事之刻薄之徒，严厉追查此案。

涉嫌此案的大理寺官员都被"枷缚暴于日中，凡五十七日，求其受贿事"。在审理此案的前后两个月时间里，蔡确"持法刻深，言不及仁，穷治诘问，不考情实，以必得奸弊为事"，用的完全是先入为主的主观臆断审讯法，严刑逼供。此外，蔡确还深文巧诋，追查其余，甚至无限上纲上线，追查到当朝宰相，一时间搞得人心惶惶，"无敢明其冤"。

身为此案审刑官的上官均目睹蔡确的暴虐，心中十分不满，但又无力制止。其实，上官均也有难言之隐，不仅蔡确对他有举荐之情，而且在蔡确的酷刑逼讯下，"所勘官吏语言多连及权要迹涉阿蔽，亦恐蔡确借此为说"。在这种情势下出面，肯定会为自己招来阿谀附会之祸。

但是，上官均不愧是心存平恕、持正守法的正直之士。经过反复考虑，他还是毅然上书宋神宗，要求秉公审理此案。在奏章中，上官均慷慨激昂地表示："职在风宪，义当弹举，避嫌不言，退为身谋，则是臣不忠、不直，上负朝廷设官任使之意。"上官均建议神宗：司法断案应推崇的是"推见情实，不致冤滥"。

次日，上官均再次上书神宗，态度鲜明地指出："大理、审刑，法令所系，所以持天下之平。若官司挟情轻重其手，此固人臣之所同嫉，朝廷之所宜深治也。"表达了对蔡确挟情断狱的不满。

在奏章中，上官均还坦率阐述了自己与被审的大理详断官窦莘等并非亲故，自己在乎的是要秉持一个法官的良心与断狱原则。对于疑难案件的审理，上官均认为，应该"参验彼此，以察其诚；虚心审听，以考其意；诚意所之，真伪斯得。若逆其疑似而不究其情，案其单辞而不参证左，则所疑者未必真，所治者未必有罪也"。事实上，这是在直接指斥蔡确的"逼胁穷治，不尽情状，或及无罪"。

虽然上官均的上书如重磅炮弹般切中要害，但在蔡确诡诈及恶意中伤之下，上官均反而被贬谪为光泽县令。但事实胜过雄辩，此案最终的

结局是"莘等卒无罪"。因此，天下人都叹服上官均持正允平的做法，"天下服其持平"。

宋哲宗元祐（1086—1094）初年，上官均再次出任监察御史。经历了磨难与挫折后的上官均，仍旧痴心不改。因为在上官均的心目中，唯一的标准就是"法度唯是之从，无彼此之辨"。

当朝宰相蔡确的弟弟蔡硕盗取贷官钱以万计，该狱审理定案后，上官均上疏弹劾蔡确身为宰相，"挟邪挠法，当显正其罪，以励百官"。张璪、李清臣执政"俯首随和，碌碌固宠"。在上官均的弹劾下，都相继离任罢相。

■故事感悟

上官均正是以毕生实践实现了他的理想与宗旨，他的持正守平颇值得后人肯定。

■史海撷英

上官均的为官之道

上官均与叶祖洽同年中榜。应试时，吕大临、苏轼等人都评定上官均为第一名，但由于他策论诋毁"王安石变法"，被主考吕惠卿改为第二，而把叶祖洽列为第一。

开始时，上官均被授承务郎大理评事，朝中一些大臣认为他"经学通明"而推荐他，又被授以国子监直讲。后来，上官均又升任监察御史里行，以论蔡确用刑狱峻刻，为蔡确所嫉恨，降为光泽知县。

元祐元年（1086年），上官均再任监察御史，在任期间政绩卓著。当时，有人用诗赋考试士子，罢黜经义，上官均力争仍以经义为主，并力主裁减冗官，广开言路，反对青苗法，时论评为敢言。当时，西夏正在进逼兰州，他建议朝廷治兵积粮，力图固守，既保兰州又固熙河防守。

题耿氏温清堂

（宋）上官均

远山终日自清辉，缥缈乔林野气微。
秋菊已开陶令径，春风好舞老莱衣。
溪头钓艇资闲兴，松下归禽伴息机。
吟倚醉登堪自慰，不须怅望白云飞。

第二篇
以中处世

"国中有圣人"

管仲（？—前645），姬姓，管氏，名夷吾，谥曰"敬仲"。齐国颍上（今安徽颍上县）人，史称管子，春秋时期齐国著名政治家、军事家。管仲是周穆王的后代，少时丧父，生活贫苦，不得不过早地挑起家庭重担，为维持生计，曾与鲍叔牙合伙经商，后从军到齐国，几经曲折，经鲍叔牙力荐，为齐国上卿（即丞相），被称为"春秋第一相"，辅佐齐桓公成为春秋时期第一霸主，所以又说"管夷吾举于士"。

刘向《说苑》记载：有一次，齐桓公与管仲一起谋划攻打莒国，可计划还没有实施，就被国人知道了。齐桓公觉得很奇怪，便问管仲是怎么回事。管仲回答说："国家中必然有圣人在。"

于是，齐桓公便命令仪仗队进来，分级站立。随后，管仲指着东郭垂问道："你就是讲伐征莒国的人吧？"

东郭垂如实回答说："是的。"

管仲继而问："我没说要攻伐莒国，你为什么说我要攻伐莒国呢？"

东郭垂平静地回答说："我听说君子善于用计谋，小人善于用心意，

我是私下猜测的。"

　　管仲又问："我不说攻伐莒国，你怎么猜测到的呢？"

　　东郭垂回答说："我听说君子有三种表情：悠然喜乐的人，是钟鼓的神色表情；严肃、平静的人，是一副哀伤的表情；充满着兴旺的人，这是要兴兵作战的表情。前几天，我望见您在台上一副充满旺盛的样子，就知道要兴兵作战了。您吁而不吟，所说的就是莒；您举臂而指，自然是指莒国。而且，我私下也考虑，小诸侯国中不服从齐国的，不也只剩下莒国了吗？所以，我就这样说了。"

■故事感悟

　　这个故事让我们明白：自己的长短需要隐藏住，要想有所作为，就得更加如此，隐藏在不露形迹之中，就是最好的方法。能从一个人的表情上作出这样的判断，而且分析得合情合理，这样的人称之为天才当之无愧。同时也说明，隐藏秘密而不露半点痕迹，确实是很不容易的，但也是非常必要的。

■史海撷英

管仲改革

　　管仲辅助齐桓公进行了一系列改革。改革的具体内容是"相地而衰征"，就是把田地按土质好坏、产量多少分为若干等级，按等级征收数量不等的实物税，从而增加了国家的赋税收入。

　　管仲这一改革措施从客观上打破了井田的界限，加速了井田制的瓦解，这实际上都是承认了私田的合法性。

　　此外，管仲还"作内政而寓军令"，就是把居民的组织和军队的编制统一起来；士农工商分居，职业世代相传，既保证了社会生产，也避免了人们由于谋求职业而导致社会动荡不安。

管仲二首

（宋）陈造

（一）

平生勋业载成书，胁制诸侯只霸图。
盍继车攻奏嘉颂，迄今璧帛篚东都。

（二）

棠潜俄正鲁封圻，施伯安翔稛载归。
尸授夷吾宁复此，君臣应愧始谋非。

孔子教曾子"挨打法"

曾子（前505—前435），姒姓，曾氏，名参，字子舆，春秋末年鲁国南武城（今山东省济宁市嘉祥县）人。曾子是黄帝的后代，也是夏禹王的后代，是鄫国（缯国）太子巫的第五代孙，生于东鲁，移居武城。16岁时拜孔子为师，勤奋好学，颇得孔子真传，并积极推行儒家主张，传播儒家思想。孔子的孙子孔伋（字子思）师从参公，又传授给孟子。因之，曾参上承孔子之道，下启思孟学派，对孔子的儒学学派思想既有继承，又有发展和建树。

我国儒家配享孔庙的四大圣贤之一"宗圣"曾子，最讲孝道。特别是对父母的教诲，总是恭听不违。

有一年夏天的早晨，曾子的父亲曾皙提前吃完早饭，便趁着天气还不太炎热，准备到村东山脚下瓜田里耘瓜。曾子也要跟着去，但父亲觉得儿子年龄较小，力气尚未长全，就不想让他去。曾子说："父亲，您都这么大年纪了，还辛勤地干活，我得赶快学着点儿，好及早地接您的班呀。"父亲听他说得在理，便同意让他一同下地。

曾皙一手抓着放在肩上的锄杠，一手拄着拐杖，在前边走。曾子扛着另一张较小的锄头，紧随父亲后面。

到了地里，曾皙以教诲的口吻对曾参说："参儿，锄地并不简单，下锄必须要准、要稳，拉锄还要用力均匀，这样才能既不锄掉庄稼，又锄得深浅一致。"

"孩儿记下了。"曾子认真地回答。父亲仍不放心，便给他做了几次示范动作。曾子照样学了一会儿，锄得虽不够均匀，也勉强说得过去。父亲渐渐放心，便甩开膀子，"呼呼"地在前边锄起来。

曾子毕竟是初学乍练，手脚生疏，不一会儿就被父亲远远抛在后边，还累得满头大汗。为了追赶父亲，曾子往手心里吐了口唾沫，搓了搓磨得发疼的手，然后紧握锄杠，加快锄地速度。

锄着锄着，锄头被土中的一块沙砾碰得颤了一下，就把一棵肥壮的瓜苗给锄掉了。曾子后悔地说："父亲，瓜苗被锄掉一棵，怎么办？"

曾皙回头一看，瓜苗倒翻在地，大发脾气道："种瓜时天旱，我从老远挑着水一颗一颗地点了种，好不容易种成这样，叫你个粗心的家伙给锄坏了！"

曾皙越说越气，加之本来就是个火暴脾气，不由分说丢下锄头，跑到地头上拿起拐杖猛击曾子。

曾子自知己错，不敢躲逃。为了使父亲消气，曾子顺从地趴在地下，任凭父亲责打，一声也不求饶，只是说："父亲息怒，莫要气坏了身子。"

这时候，有人飞跑到曾子家，对曾子的母亲说："快去看看吧，曾参在瓜田挨打呢！"曾母闻听，马上跑到田间，见曾参躺在地上，上前抱住儿子哭着说："参儿受苦了，参儿受苦了！"

曾母扶起儿子后，又转身责怪曾皙："你这老头，教儿子知错就是了，要是打伤了如何是好？"说着又哭起来。

可曾子并不流泪、也不叫痛，反而劝说母亲："母亲莫要难过，父亲打我，是对儿子严加教训，让儿刻骨铭心地知错改错。"

接着，曾子又忍着疼痛向父亲躬身赔礼："参儿惹父亲生气，子乃不孝矣！"

曾晳渐渐息怒，回家后有点儿后悔打儿子太狠，担心打伤了儿子，想看看儿子现在到底怎么样了，便悄悄站在书房门外偷窥儿子。曾子已发觉父亲看他，知道父亲对自己担心，便佯装无事一般忍着疼痛，故意到琴架前抚琴放歌。曾晳见状，就放心回去了。

人们都赞扬曾子是孝到极点了。然而孔子知道这件事后，却板起脸跟弟子们说："像曾子这样不孝的人，以后永远不要让他进我家的门！"

曾子一向视孔子为父亲一样的老师，听说这件事惹得老师生气了，还得了这样不孝的评价，一下子就懵了，连忙亲自登门谢罪，请孔子指点迷津。

孔子语重心长地教导说："曾子，你父亲打你你都不跑，这是不对的。"

曾子吓一跳说："老师认为我应该跑吗？"

孔子说："不是的，父亲打你，你要看父亲拿的棍子是粗还是细。棍子太粗的话，可能会把人打伤打死的，这时你就赶快跑，为了让父亲保存好的名声，因为一个人把儿子打伤了一定会被嘲笑的。所以，父亲拿很粗的棍子打你时，你就跑，这就是孝顺。如果父亲拿很细的棍子，你就不要跑，这个时候跑，你就是不孝了。所以，孝不孝不是说你是否挨打，而是在于判断棍子粗还是细，然后再采取某一种行动。"

孔子的一席话，只听得曾子寒毛直竖，什么话也说不出来。

后来，曾子挨父亲打，就选择"刚刚好"，让父亲打几下，消消气，又不至于让自己皮开肉绽。

■故事感悟

曾子没有想到的是，"挨打"竟会有这么多学问。而这学问是什么呢？是如何怀着中庸之道去做人，也就是把握分寸的适度之举。同样，我们在实践中也要坚持适度的原则，做事既要防止"过"，又要防止"不及"，采取正确的方法，这样才能在实践活动中取得成功。

■史海撷英

母啮指子痛心

曾子少年时期，家里很穷，经常到山上打柴。

有一天，曾子家中来了客人，母亲不知所措，就用牙咬自己的手指。曾参忽然觉得心很疼，知道是母亲在呼唤自己，就背着柴迅速返回家中，跪问缘故。母亲说："有客人忽然到来，我咬手指盼你回来。"

于是，曾子接见客人，对客人以礼相待。

■文苑拾萃

曾子庙

曾子庙也被称为曾庙，是历代祭祀曾参的专庙。位于山东省嘉祥县城南23千米曾子故里——风景秀丽的南武山南麓。

曾子庙始建于周考王十五年（前426年），原名为"忠孝祠"，是一处极具代表性的我国古代官式建筑群体。

　　整个庙宇坐北朝南，四周围以红墙，平面呈长方形，南北通长230米，东西宽120米，占地面积27600平方米。建筑布局沿中轴线分正、左、右三路，共三进院落。主要建筑物30余座，殿、庑、亭、堂70余楹。庙内碑碣林立，古柏参天，更显肃穆壮观。

　　新中国成立后，政府十分重视对曾庙的保护，并成立保护机构，增加了维护人员，并多次拨款维修。1992年，山东省人民政府公布其为省级重点文物保护单位。

貌丑智慧的淳于髡

淳于髡（约前386—前310），战国时期齐国政治家和思想家，主要活动在齐威王和齐宣王之际。淳于髡以博学多才、善于辩论著称，是稷下学宫中最具影响的学者之一。他长期活跃在齐国政治和学术领域，上说下教，不治而议论，对齐国新兴封建制度的巩固和发展，对齐国的振兴与强盛，对威、宣之际稷下之学的发展作出了重要的贡献。

战国时期的孟尝君是齐国名门贵族，曾几次出任相职。但是有一次，孟尝君与齐闵王的意见不和，一气之下就辞去相职，回到他的私人领地，一个叫薛的地方。

这时，与薛接邻的南方大国楚国正准备举兵攻薛。与楚国相比，薛地不过是个弹丸之地，兵力粮草等都不能相比，因此楚兵一旦到来，薛地的后果不堪设想。

要解燃眉之急，唯有求救于齐。但孟尝君刚刚与齐闵王闹了意见，既没面子去求，也怕去了闵王不答应。为此，他伤透了脑筋，几乎一筹莫展。

在绝路之中，齐国的大夫淳于髡来薛地拜访孟尝君。淳于髡是奉闵王之命去楚国交涉国事的，归途中，顺便来看望孟尝君这位名门望族。孟尝君抚额称庆，可谓天助我也，他早已想好了主意，亲自到城外迎接淳于髡，并以盛宴款待。

淳于髡不仅个人资质好，善于随机应变，还常常为诸侯效力，与王室的关系也十分密切。威、宣、闵三代齐王都很器重他，闵王在位期间，他更是成了王室的政治顾问，而且与孟尝君交情甚好。

孟尝君决心已下，便开口直言相求："我将遭楚国攻击，危在旦夕，请君助我。"

淳于髡也很干脆："承蒙不弃，从命就是。"

淳于髡赶回齐国后，进宫觐见齐闵王，正面的话题自然是相告出国履行公务的结果，而他真正要办的事情也早已盘算在心。

闵王问道："楚国的情况如何？"

闵王的话题正投淳于髡所好，顺着这个话题，淳于髡就开始展开攻心术，履行对朋友的承诺了。

"事情很糟。楚国太顽固、自恃强大，满脑子想以强凌弱；而薛呢，也不自量……"

话题有意识地转到薛，但又不露痕迹。

闵王一听，马上就问："薛又怎么样？"

淳于髡眼见闵王入了圈套，便乘机说："薛对自己的力量缺乏分析，没有远虑，建筑了一座祭拜祖先的宗庙，规模宏大，却不问自己是否有保卫它的能力。目前楚王出兵攻击这一宗庙，咳，真不知后果怎样！所以我说薛不自量，楚也太顽固。"

齐王表情大变："哦，原来薛有那么大的宗庙？"随即下令派兵救薛。

守护先祖的宗庙，是国君最大的义务之一。为了保护祖先宗庙就必须出兵救薛，薛的危机就是齐的危机，在这种危机面前，闵王就完全不再计较与孟尝君的个人恩怨了。整个过程，淳于髡没有提到一句请闵王发兵救孟尝君，而是抓住闵王最关心的问题，也就是他最大的弱点，旁敲侧击、点到痛处，令闵王主动发兵救薛，实际上是救了孟尝君。

■史海撷英

淳于髡献鹄

战国时期，齐王派淳于髡向楚王献鹄，以示友好。

然而刚出都城之门，淳于髡就把鹄放走了，只托举着一个空鸟笼来见楚王。

淳于髡对楚王说："齐王派我来献鹄，到了河边，我不忍心天鹅口渴，便把天鹅放出来喝水，谁知天鹅离开我飞逃去了。我本来想用刀刺自己的腹部，上吊自杀，可又怕别人说楚王因为一只鸟伤了使臣；与天鹅这种长羽毛的东西相类似的很多，我想另外买一只来顶替，可又觉得这是一种不诚信的行为；我想逃亡到别国躲起来，可又怕两国因我而伤了和气。所以，我只好过来服罪，甘愿领受大王的惩罚。"

楚王听罢，说："好，齐王有像你这样讲究忠信的人！"后来不仅没有责罚他，还以厚礼赏赐淳于髡，所赐的财物比有鹄奉献还要多一倍。

范雎适机而言

　　范雎(生卒年不详)，字叔，战国时魏人，著名政治家、军事谋略家，公元前266年出任秦相，辅佐秦昭王。范雎上承孝公、商鞅变法图强之志，下开秦皇、李斯统一帝业，是秦国历史上继往开来的一代名相。范雎同商鞅、张仪、李斯先后任秦国丞相，对秦的强大和统一天下起了重大作用。

　　范雎到秦国后，因结识王稽而见到了秦昭王。

　　秦昭王知道范雎很贤明，就屏退身边的人，单独与他秘密商谈国家大事。昭王首先对他说：“有幸请得先生来教导我。”

　　范雎只是唯唯诺诺而已，一句话也不说。

　　昭王再请他谈话，范雎还是如此，一连三次都是如此。

　　到第四次，范雎只凭空大放厥词。

　　到第五次，才着点边际。

　　第六次，范雎开始畅谈外事，但仍不涉及内事。

　　等到秦昭王拜他为客卿，采用他的话有几年了，范雎自己有了充分把握，才开始痛陈内事。

于是，秦昭王废除太后，驱逐穰侯、高陵、华阳、泾阳君到关外。

■故事感悟

范雎之所以这样，是因为当时秦国内有太后专横，外有穰侯跋扈，再有高陵、华阳、泾阳君为虎作伥，所以不敢与秦昭王深谈，只能等待时机，避免说话达不到目的，反而招祸。善于对待和处理生活中的各种事情，寻找最恰当的说话时机，有益于理则立之、无益于理则废之，夫是之谓中事。

■史海撷英

范雎来秦

范雎来到秦宫时，秦王曾亲自到大厅迎接他。

秦王恭敬地对范雎说："很久以来，我就该亲自来领受您的教导，但正碰上要急于处理义渠国的事务，而我每天又要亲自向太后问安。现在，义渠的事已经处理完毕，这才能够亲自来领受您的教导。我深深地感到自己愚蠢糊涂。"

于是，秦王就以正式的宾主礼仪接待范雎，范雎也表示谦让。这天，凡是见到范雎的人，没有不对他肃然起敬、另眼相看的。

■文苑拾萃

范雎

（宋）徐钧

绨袍恋恋亦何为，相国难忘箦卷尸。
有怨必酬恩必报，凭君说与魏齐知。

张良提议抚韩信

张良（？—前186），字子房，汉初三杰之一，杰出的谋略家、政治家。秦末农民起义中，张良率部投奔刘邦，不久游说项梁立韩贵族成为韩王，为韩司徒。后韩王成被项羽杀害，张良复归刘邦，为其重要谋士。楚汉战争期间，张良提出不立六国后代，联合英布、彭越，重用韩信等策略，又主张追击项羽，歼灭楚军。刘邦西入武关后，张良在峣下用计破敌；鸿门宴上帮助刘邦脱离险境；"为汉王请汉中地"；在楚汉战争中"长计谋平天下"，都为刘邦所采纳。汉朝建立后，封留侯。张良见刘邦封故旧亲近，诛旧日私怨，力谏刘邦封夙怨雍齿，释疑群臣。刘邦曾赞"运筹帷幄之中，决胜于千里之外，子房功也"。

每个人都有欲望，也有善良的本心，引导自己的欲望不使之膨胀，满足别人基本的欲望而不损害，人能够做到这一步，基本上就已经掌握了中庸的处世之道。

有些人常常害怕失去利益，失去一点小利就慌乱不安。对此，有人发现了一种处世术，即掌握对方爱小利的弱点进行利用，处理问题时也对其施之以小利，结果便能获得对方认可与接受，从而心甘情愿地去做事。

善于运用中庸之道的人，也能够发觉到这类人的特点，于是便能恰到好处地利用对方，从而获得各自的利益。汉代时期的张良，就将这种技巧运用得既不留痕迹，又能恰如其分。

汉四年（前203年）五月开始，楚、汉两国在荥阳一带展开拉锯战，但最终谁也没有占到多大优势。于是，两国签订协议，以鸿沟为界，中分天下，其西归汉，其东归楚。

九月，项羽解围东撤，刘邦也要引兵西归。此时，张良充分地认识到，此时的项羽因刚愎自用，已经到了众叛亲离、关系紧张的地步。于是，张良、陈平二人都来劝谏刘邦，希望他能够趁机灭楚，免得养虎遗患。刘邦采纳了两人的建议，亲自统率大军追击项羽，并另外派人约韩信、彭越合围楚军。

汉五年（前202年）十月，汉军追击楚军到了一个名叫固陵的地方，却不见韩信、彭越二人前来驰援。项羽率众回击汉军，结果刘邦又败了。

刘邦躲在山洞中，非常焦躁，就问张良说："诸侯不来践约，那将怎么办？"

张良是一位工于心计的谋略家，他也在时刻关注着几个影响时局的重要角色的一举一动，探索着他们心灵深处的隐秘，并筹划着应对之策。

当时，虽然韩信名义上是淮阴侯、彭越是建成侯，但实际上都只是空头衔，没有一点实权。因此，张良就对刘邦说："楚兵即将败亡，韩信、彭越虽然受封为王，但却没有确定的疆界，二人不来赴援，原因就在于此。如果您能与之共分天下，当可立招二将；如果不能，成败之事

尚无法预料。我请您将陈地至东海的土地划给韩信，将睢阳以北到谷城的土地划归彭越，让他们各自为战，楚军很容易就会被攻破。"

刘邦一心要解燃眉之急，便听从张良的劝谏。不久，韩信、彭越果然率兵来援。

十二月，各路兵马会集垓下，韩信设下十面埋伏，与楚军决战。最终项羽兵败，逃到乌江自刎。长达四年之久的楚汉战争，以刘邦的胜利而告终。

■故事感悟

在处理韩信、彭越索要实惠这件事情上，张良做得十分周到，也充分利用了人性的弱点——好名、好利，划归一些封地给他们，就满足了他们的心愿，使他们各自为战、尽力而战。人没有不自私的，与其让他为你办事，不如让他为自己办事。后者比前者的成功率要高得多。

■史海撷英

张良计封雍齿

在汉朝刚刚建立的时候，刘邦先是分封了萧何等二十余人的官职，但众将领却互不服气，争功不止，因此刘邦就不再封官。

有一次，在洛阳南宫，刘邦看见众将坐在沙地上不知在议论着什么，就问身边的张良怎么回事。张良回答说，他们在策划谋反。刘邦问为什么，张良说怕刘邦以后不会封他们高官。刘邦又问怎么办，张良就问刘邦最恨的人是谁，刘邦说是雍齿，因为他虽然功劳多，但太张狂，自己曾经想将他杀掉。张良听后，就让刘邦封雍齿为侯，这样，大家就觉得被刘邦记恨的雍齿都能受封，他们就更不用着急了。

于是，刘邦大摆庆功宴，封雍齿为什方侯，还当场命丞相和御史抓紧时间草拟论功行赏分封的名单。张良的计策果然奏效，众将的心很快都安定了。

■文苑拾萃

张 良

（宋）王安石

汉业存亡俯仰中，留侯于此每从容。
固陵始议韩彭地，复道方图雍齿封。

卫青不斩部将

卫青（？—前106），字仲卿，河东平阳（今山西临汾市）人。能征惯战，是为汉朝北部疆域的开拓作出重大贡献的将领，也是中国历史上为人熟知的常胜将军。卫青率军与匈奴作战，屡立战功，但从不结党干预政事。卫青对士卒体恤较多，威信很高。

汉武帝派大将军卫青出兵定襄，部将苏健、赵信共率3000多骑兵，个个都具有非凡本领。

有一天，他们突然与单于的部队相遇。经过一天的激战，3000多名骑兵几乎全部战死，赵信也投降了单于，只有苏健逃回汉营。

一时间议论纷纷，都说苏健必死无疑，更有议郎周霸向卫青进言："自从大将军出兵以来，还未曾斩过部将。今天苏健损失了这么多人马，还一个人逃了回来，以卑职愚见，应将其斩首示众，昭示全军，以显示将军的威严与治军有方。"

然而，军中一个名叫安的长史却竭力劝阻，他说："万不可如此！想苏健以数千人马抵抗数万敌军围攻，奋力苦战一天，士卒悉数战死，他仍不敢有二心，可见其忠焉。如今他死里逃生，拼死逃回营中，如果

65

反而被斩，这无异于告诉众人，今后如打败仗，千万不要跑回来，干脆投降敌人算了。所以，万不可杀他。"

卫青听了这番陈述，深以为然，于是说道："我卫青将真心诚意地待他，让他留在军中，我不怕会因此失去威望。周霸劝我斩杀部将来显示威仪，这根本就不符合我的心愿。再者，虽然大将军有权斩杀部将，但就算我现在被皇上所宠幸，也不该在城外擅自诛杀部将。将他送往皇上那里去，让皇上亲自发落他吧！这样形成大臣不敢专权的局面，不是更好吗？"

左右的人听了这番话，都深为卫青的深明大义和忠诚所感服，也更加钦佩卫青的为人和仁慈，莫不肃然以对。

于是，卫青将苏建囚禁起来送到汉武帝那里，汉武帝果然赦免了苏健的罪。

■故事感悟

卫青不斩部将，说明他是一位宽厚仁慈的将军，同时也说明他是一位懂得治军与治人之术的统帅。不论是在领导下属，还是在与人相处的过程中，都应该做到宽严相济和软中有硬，这样才能够达到最佳的效果。

■史海撷英

龙城大捷

元光六年（前129年），匈奴兴兵南下，前锋直指上谷（今河北省怀来县）。汉武帝获悉，果断地任命卫青为车骑将军，率兵迎击匈奴。从此，卫青便开始了他一生中的戎马生涯。

这次用兵，汉武帝共分派四路出击匈奴：车骑将军卫青直出上谷，骑

将军公孙敖从代郡(今山西大同、河北蔚县一带)出兵,轻车将军公孙贺从云中(今内蒙古托克托东北)出兵,骁骑将军李广从雁门出兵。四路将领各率一万骑兵,袭击匈奴。

这是卫青首次出征,但他毫不畏惧,英勇善战,直捣龙城(匈奴祭扫天地祖先的地方),斩首700余人,获得胜利。而另外三路,却有两路失败,一路无功而还。汉武帝看到只有卫青凯旋,对其非常赏识,并加封关内侯。

□ 文苑拾萃

咏史上·卫青

(宋)陈普

丞相含沙作短狐,直言长揖黯何孤。
相容幸有两人在,帝与侯家老骑奴。

马皇后德冠后宫

马氏（39—79），汉明帝刘庄后，伏波将军马援的小女儿，闺名已经失传，谥号为明德皇后。单从谥号来看，就知道马氏是一位令人敬服的皇后。

东汉时期的明德马皇后，是伏波将军马援的小女儿，扶风茂陵（今陕西兴平东南）人。

当时，马援不仅是一位名将，是一位传奇式的人物，也是当之无愧的智者。在当时最有势力的三股力量中，割据陇西的隗嚣是马援的同乡，隗嚣对他信任无比，言听计从。而占据蜀中的公孙述则是马援的同学，公孙述待他也是殷勤无比，许以封王。可是，马援认为这两人都不会成气候，偏偏投向素不相识的刘秀。

刘秀初见马援时，很谦虚地说："卿遨游二帝之间，见到你令我自惭形秽。"

而马援却说出了一句既令后人惊讶、也为后人佩服的话："当今之时，并不只是君选择臣，而臣也要选择君。"

这话虽然有些离经叛道，但却很有些现代味道。

然而马援虽为智者，却只是善于谋生前而不善于谋死后，因为他在晚年得罪了光武帝刘秀的女婿梁松。当时，马援正受到光武帝的宠幸，梁松只能怀恨在心。当马援最后一次出征五溪时，因感染瘴气而死于军中，光武帝便派梁松带领军队。梁松借机陷害马援，光武帝听信谗言，非常生气，夺去马援的侯爵和官印，应该给的待遇也全部都取消了。

京城的各大贵族见马家失势，便借机欺负马家。马援的侄子马严不忿，上书光武帝，请求让马援的女儿入宫做诸王妃，想用这个方法振兴马家。光武帝也许是感念马援的旧情，便选了马援的小女儿进入太子宫，她就是后来的明德皇后。

马援刚刚去世的时候，小儿子因思念父亲很快就死去了。而马援的夫人又因为思念小儿子致使精神恍惚。年仅10岁的小女儿，即后来的马皇后，就开始处理家务。她指挥童仆，内外咨禀，如同大人一样，左邻右舍无不惊叹。

52年，这个13岁的女孩子被选入太子刘庄宫中。刘庄是皇后阴丽华所生，深得光武帝宠信。马氏入宫后，更是悉心侍奉阴皇后，一举一动都合乎封建礼法的要求，待人又和蔼可亲，与宫中上下都相处得十分融洽，深得阴皇后的喜爱。

57年，光武帝刘秀去世，太子刘庄即帝位，是为汉明帝，封马氏为贵人。

60年，大臣联名上奏，请求明帝册立皇后。明帝就去问阴丽华皇太后，太后说："马贵人德冠后宫，即其人也。"

马皇后继承了父亲马援的智慧和为人处世的本领，最终在倾轧的后宫中脱颖而出。她被册封为皇后后，依然保持着勤奋、恭谨、俭朴的本色，衣服朴素，待人和蔼。此外，马皇后还喜欢读书。没事的时候，她就阅读《易》《春秋》《楚辞》《周礼》等书，最喜欢的就是《周官》《董仲舒书》这两本书。

可是马皇后没生儿子，这在古时是最大的憾事。因为封建社会的皇宫中是"母以子贵"，不生下太子，就难坐稳皇后这位子。当时，马皇后的一个同父异母姐姐的女儿贾氏也被选入太子宫，并生下了皇子。明帝便让马皇后养育这个皇子，把他当作自己的儿子。马皇后尽心尽力地养育这个皇子，比自己亲生的还要辛苦。由于太子并不知道马皇后不是自己的亲生母亲，所以母子之间也如同亲生的一样，没有纤芥隔阂。

70年，楚王刘英（明帝的同父异母兄弟）企图谋反。事情败露后，明帝不忍按照法律处死刘英，只是废黜了刘英的王爵，将其徙往丹阳郡泾县（今属安徽）。然而刘英到丹阳后，就自杀了。

刘英虽然死了，可案件并未结束。明帝认为，这是一些小人鼓动楚王造反的，便下令穷究党羽。有关部门也是秉承明帝的旨意，严刑拷问，被抓的人受刑不过，便胡乱攀扯，结果监狱里的人越来越多，案件也连续审查了几年都没有结果。

一些耿直的大臣见状，便劝谏皇上，可明帝根本听不下去。马皇后知道，被抓的人中大部分都是冤枉的，因此也十分忧虑。

有一天，明帝回宫，马皇后便乘机向明帝进言，请求明帝不要把案件无限扩大。明帝深为感动，半夜时睡不着觉，反复思考马皇后的话，次日便放了许多人，而案件也很快就结案了。马皇后的一番劝谏，让许多家庭免除了灭顶之灾。

通过这件事，汉明帝知道马皇后很有处理国家政务的才能，因此有时在宫廷上遇到公卿大臣难以裁决的事时，明帝就回到后宫试着让马皇后出主意。马皇后为明帝深入地分析事情的原委，并提出恰当的解决方法，明帝也总是听从。从此，马皇后在明帝身边服侍时，便帮他处理国

家政务，弥补了许多朝政上的缺陷。但她却从未提及过自己家的事，因此也得到了明帝的敬重。

75年，明帝去世，太子刘炟即位，是为章帝，马皇后也被尊为皇太后。明帝新丧，太后的三个兄弟马廖、马防、马光自认为是皇亲国戚，不顾国家法令，私闯宫门，非要强行入宫吊丧不可。把守宫门的卫士杨仁遵照命令，不放任何人进去。马廖等人事后便向章帝告状，说卫士杨仁妄自尊大，竟敢对国舅这样无礼。

章帝将此事告知马太后，太后不仅没生气，反而赞扬说："杨仁执法不阿、不避权贵，这才是国家的忠臣啊。"于是，章帝便提拔杨仁为什邡令。

按照汉朝的制度，皇帝死后，诸贵人应该徙居南宫。而马太后感于惜别之怀，向各贵人赐以赤绶、加安车骊马、越布3000端、杂布2000匹、黄金10斤。

马太后还撰写明帝起居注，并把自己的哥哥马防侍奉明帝医药的事削去。章帝说："舅舅为先帝侍奉医药一年多了，不但没有受到奖励，反而连辛苦也不被记录，母后也过分了吧？"

马太后回答说："我不想让后人说先帝重用皇后的家属，所以，我才故意没有写进去的。"

过了一年，汉章帝想按照两汉的制度封三个舅舅为侯爵，马太后的三个弟弟都上章推辞，太后也不允许。当时，朝政都掌握在太后手里，一些大臣以为太后是故作谦虚。所以，为了讨太后和国舅的欢心，便趁第二年夏天全国大部分地区都发生旱灾时联名上书说：天久旱不雨，是由于陛下不封外戚，引起阴阳失调。请陛下依照祖宗常法，加封帝舅们为侯。

马太后看到奏章后，非常气愤，下诏说："这些上书的人，都是想向我献媚而谋求晋升。他们讲的理由是荒唐的、毫无根据的。西京成帝时，王太后的弟弟王谭、王商、王立、王根、王逢五人同日封侯，当天黄尘漫天、雾霭四塞，并不闻澍雨之应。武帝时外戚窦婴、田蚡位宠身贵、横行不法，倾覆之祸为世所传。先帝吸取这些事例的教训，为防止外戚干政不让他们身处国家枢机之任。诸王的封邑，也减先王之半。先帝常说：'我的儿子不应和先帝的儿子等同尊贵。'皇子尚且如此，现在有些官员为什么要拿马氏去攀比阴氏呢？我是天下主母，身穿粗布衣服，吃饭也不求甘美，左右随从也只穿布衣，不用香熏花饰，这样俭朴，为的是给天下人做个榜样。我的娘家人不明此理。最近我外出从家门附近经过，看见去你舅家问安的人，车如流水、马如游龙，家里的用人也都穿着极其华丽的衣服，我心里很不舒服。当时，我并没有去谴责他们，但我回来之后，就立即断绝了对他们的接济，希望他们能从中认识错误、改过自新。但他们却不以为然、依然故我，不以国家大事为重，一味地追求享受。知臣者莫若君，况且他们又是我的兄弟。我怎能辜负先帝的旨意，下愧我马氏先人之德，重蹈西京败亡的覆辙呢？"

马太后这样做，并不只是谦虚，而是怕娘家人权势过盛后会不知收敛，而在自己死后如同西汉的那些外戚一样，遭受到灭族的大祸。而自己这样做，恰恰是真心地为自己的家人着想。

汉章帝看完诏书后，觉得有些愧对三位舅舅，便重新向太后请求："两汉制度，国舅封侯，和皇子封王一样。太后固然谦虚，为何不让儿臣加恩三个舅舅？况且舅舅们年纪很大了，万一哪天过世，儿臣岂不抱恨终生？"

太后了解章帝的心情，又进一步对章帝解释说："封侯的事我之所以这样决定，是从你和你舅舅两方面的利益出发的，并非为慕得谦让之美名而使你蒙受无恩于外戚的指责。景帝时，窦太后要加封王皇后

的哥哥，丞相周亚夫坚执不肯，认为高祖有誓言在先，无军功者不得封侯。现在我的兄弟无功于国家，怎能和阴、郭中兴之皇后相比呢？我常想那些富贵人家，居高官厚禄，还图加爵封土，这就好比再次结果的树木一样，必然伤动根基。况且人们谋求封侯的目的，无非是上图祭祀祖先时体面一点、下图自己逸乐享受。现在我娘家祭祀用的是四方珍品，衣食则有国家供给，还有什么必要再受一县之封呢？我的决定是不会再更改了。你是个孝顺的儿子，应该让父母安心。如今天气反常、农业歉收、粮价飞涨，人民生活还十分困苦，匈奴又在边境寻衅，内忧外患，弄得我日夜难眠。而你却把封帝舅当作什么大事，这不是违背了慈母的拳拳之心吗？我生来脾气刚急，有胸中气，不可不顺。如若阴阳调和、风调雨顺、年成转好、边境靖安，到那时再实现你的意愿也不迟。"

章帝见马太后坚持如此，只好把封侯的事暂时搁起。

马太后还坚持以节俭的风气化行天下。当时，有三个亲王的车马衣服十分朴素，太后知道后，对其大加赞赏，每人赐给钱500万。

太后的亲族中有简朴、谦让义行的人，她也都加以勉励；而对那些衣服车马奢侈过度的，就开除他们入宫的门籍，遣送回家。在太后的倡导下，全国上下都以简朴为荣。后来，太后的母亲太夫人去世，家中人把坟茔砌得高一些，超过了国家制度的规定，马太后就立即命马廖将高出的部分削去。

79年，全国农业获得了丰收，边境也太平无事，章帝又提出封三位舅舅为列侯的事，太后仍然辞让，马氏三兄弟也不愿就封。章帝坚持要封，受封之前，太后将三位兄弟召来，劝诫他们说："我年轻少壮时，时时提醒自己，居不求安、食不贪饱、恭谦克己、兢兢业业，只望能把国家治理好，让百姓们生活得好一些，以不负先帝的遗愿。希望各兄弟也能共承此志，使归天之日，无所遗恨。"

三位兄弟接受了太后的劝导，在受封之后不久，便都辞去官职，回家养老去了。

就在这一年，马太后因病逝世，享年41岁。

马皇后有着中庸处世之道。她一生勤俭、朴素、谦逊，知书达礼、明理达义。她的所作所为，对明帝、章帝两朝的政治都有着积极的影响，因此赢得后世人们的赞誉。

马皇后贤德

马援的女儿马氏品行高尚，孝顺温和，进宫后很快就获得了太子刘庄的专宠。但是，马氏始终没有生育，因此只好另找年轻的侍女给太子侍寝。但她没有嫉妒，反而对那些女子经常嘘寒问暖，照顾备至。

光武帝刘秀崩逝后，太子刘庄即位，是为汉明帝。20岁的马氏被封为贵人，在后宫的地位仅次于皇后。

贾贵人为马氏的外甥女，在生下皇子刘炟后，因马贵人无子，明帝就把刘炟交给马贵人抚养。马贵人尽心抚育，对养子宽爱慈和。刘炟虽非她亲生，但待其却犹如亲子。

鲁肃勇谋相宜

鲁肃（172—217），字子敬，临淮东城（今安徽定远县）人，东汉末年东吴著名军事统帅。鲁肃曾为孙权提出鼎足江东的战略规划，因此得到孙权的赏识，周瑜死后代替周瑜领兵，守陆口。此后，鲁肃为索取荆州而邀荆州守将关羽相见，然而却无功而返。建安二十二年（217年），鲁肃去世，年仅46岁，孙权亲自为鲁肃发丧，诸葛亮也为其发哀。

魏、蜀、吴三国争霸之前，周瑜并没有多大的名声，曾在军阀袁术所辖的居巢县担任小小的县令。

有一年，地方上发生饥荒，又爆发了战争，兵乱间百姓财物损失了不少，粮食问题也日益严峻起来。居巢的百姓都没有粮食吃，只能吃树皮、草根，饿死了不少人。周瑜看到这种悲惨的情形，急得心慌意乱，不知如何是好。

这时，有人给周瑜献了一计，说本县有个乐善好施的财主鲁肃，家中素来富裕，想必囤积了不少粮食，不如向他借一些来。

周瑜立即带上人马亲自登门拜访鲁肃。寒暄了几句，周瑜就直接说："不瞒老兄，小弟此次造访，是想借点粮食。"

鲁肃一看周瑜一表人才，想必日后能成大器，而他根本就不在乎周瑜现在只是个小小的居巢长，便哈哈大笑说："此乃区区小事，我答应就是。"

于是，鲁肃亲自带周瑜去查看粮仓，这时鲁家存有两仓粮食，鲁肃便痛快地说："也别提什么借不借的，我把其中一仓送予你好了。"

周瑜及其手下一听鲁肃如此慷慨大方，都很吃惊。要知道，在那样的饥馑之年，粮食就是生命啊！周瑜被鲁肃的言行深深感动了，两人当下就成了好朋友。

后来，周瑜当上了吴国的大将军，始终牢记鲁肃的恩德，便将鲁肃推荐给孙权，鲁肃也终于得到了发挥自己才能的机会。

■故事感悟

鲁肃"静守"而不死寂，遇到自己看好的人，立即伸手帮助，这是恰到好处的"动"。所以静中寓动，动中有静，才是真正中庸的处世智慧。

■史海撷英

鲁肃南迁

三国时期，群雄混战。当战争将要扩展到鲁肃的家乡时，为了避害，鲁肃便举家迁居东城。

当时的东城为袁术的辖地，袁术听说鲁肃的名声，就请他出任东城长。但是，鲁肃发现袁术的部下法度废弛，不足以成大事，便又率百余人南迁到居巢投奔周瑜。

在南迁时，鲁肃让老弱之人在前面走，而自己则率敏捷强悍的青年在

后面。袁术得知鲁肃迁居，急忙前来阻拦。鲁肃则排开精壮人等张弓搭箭，对追兵说："你们都是男子汉，应该明白大势。方今天下纷纷离乱，有功，得不到赏赐；无功，也受不到责罚。为何要逼迫我呢？"

说着，鲁肃命人将盾牌立在地上，远远地开弓射去，箭把盾牌都射穿了。追兵一方面觉得鲁肃的话有道理，另一方面估计凭自己的力量也奈何不得他，只好退回。就这样，鲁肃顺利地到达了居巢。

■ 文苑拾萃

鲁肃墓

（清）姚登瀛

佳城遥伴洞庭湖，湖上烟波入画图。
万树旌旗壮陆口，一生勋业著三吴。
醇醪应念故人渺，松柏多凋墓草枯。
旁有小乔芳冢在，深宵曾话旧时无。

长孙皇后守中律己

长孙皇后（601—636），小字观音婢，其名于史无载，唐太宗李世民的皇后。北魏皇族拓跋氏之后，生父长孙晟是隋右骁卫将军、著名外交家、平突厥之功臣；生母高氏是北齐皇族后裔，名臣高士廉之妹。长孙皇后是中国历史上最为著名的贤后之一。

长孙皇后13岁时便嫁给李世民，武德元年被册封为秦王妃。玄武门政变后，李世民即位13天后，册封长孙氏为皇后。

唐太宗李世民善于任用贤臣，虚心纳谏，开创了贞观盛世，除了依靠他手下的一大批谋臣武将外，也与长孙皇后的辅佐是分不开的。

成为一国之母后，长孙皇后考虑的事更多了。她深知以自己的身份和地位，任何行为举止对皇上的影响都是相当大的。因此，长孙皇后处处注意约束自己、处处做嫔妃们的典范，从不把事情做过头。

长孙皇后生性简朴，即使当上皇后，也依然保持着节俭简朴的生活方式，衣服用品都不讲求豪奢华美，饮食宴庆也从不铺张，因而也带动了后宫之中的朴实风尚，为唐太宗励精图治作出了榜样。

由于长孙皇后的所作所为端直有道，唐太宗李世民对她也十分器重。太宗每次回到后宫，都要与长孙皇后聊一聊军国大事及赏罚细节。长孙皇后鉴于历朝历代皇后干权乱政引起的恶劣后果，从不愿意过问国家大事，她对太宗说："牝鸡司晨，终非正道，妇人预闻政事，亦为不祥。"而唐太宗却坚持要听她的看法，长孙皇后干脆不予回答。

有一次，唐太宗兴致突发，带着一大群护卫近臣要到郊外去狩猎，正待出宫门时，迎面却遇上魏征。魏征问明情况后，当即对唐太宗进言道："眼下时值仲春，万物萌生，禽兽哺幼，不宜狩猎，还请陛下返宫。"

太宗兴趣正浓，心想：我一个富拥天下的堂堂天子，好不容易抽时间出去消遣一次，就是打些哺幼的禽兽又怎么样呢？于是就请魏征让到一旁，自己仍坚持出游。

魏征却不肯妥协，站在路中坚决拦住去路。唐太宗怒不可遏，下马气冲冲地返回宫中。左右的人见了，都替魏征捏一把汗。

唐太宗回宫后，一边脱衣服，一边怒气冲冲地骂道："我一定要杀掉魏征这个老顽固，才能一泄我心头之恨！"

长孙皇后弄清缘由后，便回到宫中，穿上祭祀宗庙等正式场合才穿的皇后礼服，面容庄重地来到唐太宗面前叩首即拜，口中直称："恭祝陛下！"

长孙皇后这一举措弄得唐太宗一头雾水，因而吃惊地问："何事如此慎重？"

长孙皇后一本正经地回答："妾闻主明才有臣直，今魏征直，由此可见陛下明，妾故恭祝陛下。"

唐太宗听了心中一怔，觉得皇后说得很在理，满天阴云随之而消，魏征也得以保住了他的地位和性命。

由此可见，长孙皇后不但气度宽宏，而且机智过人。

长孙皇后与唐太宗所生的长子李承乾自幼便被立为太子，由乳母遂安夫人总管太子东宫的日常用度。当时，宫中实行节俭开支的制度，太子的宫中也不例外，费用十分紧张。遂安夫人心疼太子，便时常在长孙皇后面前嘀咕，说："太子贵为未来君王，理应受天下之供养，然而现在用度捉襟见肘，一应器物都很寒酸"，一再要求增加费用。

然而，长孙皇后并不因为承乾是自己的爱子就网开一面，而是对遂安夫人说："身为储君，来日方长，所患者德不立而名不扬，何患器物之短缺与用度之不足啊！"

贞观盛世的形成，与唐太宗和长孙皇后力持节俭政策是分不开的。在这方面，长孙皇后为天下人作出了表率。

长孙皇后还借鉴两汉时期外戚势力过大、危害国家的经验教训，坚持不让自己的亲族在朝中任高官。长孙无忌是长孙皇后的哥哥，不但文武全才，早年还与太宗是至交，并为辅佐唐太宗赢取天下立下了功勋，本应位居高官。但是，由于妹妹是皇后，他反而处处避嫌，以免给外人留下话柄。

唐太宗原想让长孙无忌担任宰相，长孙皇后却奏称："妾既然已托身皇宫，位极至尊，实在不愿意兄弟再布列朝廷以成一家之象，汉代吕后、霍光宗族覆灭，可作切骨教训。万望圣明，不要以妾兄为宰相！"

然而，唐太宗却认为任命长孙无忌为宰相，是因为他的功勋与才干，与外戚地位无关，完全可以"任人不避亲疏，唯才是用"，便硬是任命长孙无忌做了宰相。

　　长孙皇后闻讯后，暗地派人告诉哥哥辞官，长孙无忌苦求辞官，不愿位极人臣。唐太宗无奈，只好让他做开府仪同三司，位置清高而不实际掌管政事。长孙皇后看到哥哥不慕权势，也很高兴。

　　长孙皇后虽然以不重用娘家人为原则，但也有例外。她有一个同父异母的哥哥长孙安业酗酒无赖。父亲死时，长孙皇后和哥哥长孙无忌都还很小，安业竟然把兄妹两人都撵回舅舅家，不让两人回家。然而长孙皇后却不记恨这个哥哥，反而求太宗照顾安业。太宗便任命安业为监门将军。

　　长乐公主是唐太宗与长孙皇后的大女儿，平时最受太宗宠爱。长乐公主要出嫁时，便向太宗撒娇提出，嫁妆要比永嘉公主加倍。永嘉公主是唐太宗的姐姐，正逢唐初百业待兴之际出嫁，因此嫁妆比较简朴；长乐公主出嫁时，已值贞观盛世，国力强盛，要求增添些嫁妆也不算过分。因此太宗便爽快地答应了，并命令有关部门按照长乐公主的要求准备嫁妆。

　　魏征听说此事，上朝时谏道："长乐公主之礼若过于永嘉公主，于情于理皆不合。长幼有序，规制有定，还望陛下不要授人话柄！"

　　唐太宗把魏征的话告诉了长孙皇后，长孙皇后听后十分重视，称赞道："常闻陛下礼重魏征，殊未知其故；今闻其谏言，实乃引礼义抑人主之私情，乃知真社稷之臣也。妾与陛下结发为夫妇、情深意重，仍恐陛下高位，每言必先察陛下颜色，不敢轻易冒犯。魏征以人臣之疏远能抗言如此，实为难得，陛下不可不从啊。"

　　于是在长孙皇后的操持下，长乐公主带着不甚丰厚的嫁妆出嫁了。

　　长孙皇后不仅是口头上称赞魏征，还派中使赐给魏征绢400匹、钱400缗，并传口信说："闻公正直，如今见之，故以相赏；公宜常秉此心，不要转移。"

魏征得到长孙皇后的支持和鼓励，更加尽忠尽力，经常在朝廷上犯颜直谏，丝毫不怕得罪皇帝和重臣。也正因为有他这样一位赤胆忠心的谏臣，才使唐太宗避免了许多过失，成为一位圣明君王。

贞观八年（634年），长孙皇后随唐太宗巡幸九成宫。一天夜里，出现了紧急情况，有人报告说侍卫中发生了兵变，太宗马上手持武器出来巡视。长孙皇后害怕太宗遇到危险，自己跑出来挡在太宗面前。虽然是有惊无险，但长孙皇后身体本来不好，受了惊吓后又感染风寒，引起了旧日痼疾，病情日渐加重。

太子承乾见母亲的病一直不好，就请求以大赦囚徒并将他们送入道观来为母后祈福祛疾，群臣也都感念皇后盛德，随声附和，就连耿直的魏征也没有提出异议。然而，长孙皇后却坚决反对，她说："死生有命，富贵在天，非人力所能左右。若修福可以延寿，吾向来不做恶事；若行善无效，那么求福何用？赦免囚徒是国家大事，道观也是清静之地不必因为我而搅扰，何必因我一妇人，而乱天下之法度！"

长孙皇后深明大义，终生不因为自己而影响国事，众人听了都感动得落下了眼泪，唐太宗也只好依照她的意思而作罢。长孙皇后的病拖了两年时间，终于在贞观十年盛暑中崩逝于立政殿，年仅36岁。

弥留之际长孙皇后尚殷殷嘱咐唐太宗善待贤臣，不要让外戚位居显要；并请求死后薄葬，一切从简。长孙皇后以她的贤淑的品性和无私的行为，不仅赢得了唐太宗及宫内外知情人士的敬仰，而且为后世树立了贤妻良母的典范。到了高宗时，皇帝李治追谥她为"文心顺圣皇后"。

■故事感悟

在日常生活中，时时都会出现如何要求别人以及怎么对待自己的问

题。待人和律己的态度，可以充分反映一个人的修养，也是决定能否与人和善相处的一个重要因素。按照孔子的理论，只有一视同仁，才能做到无论是在家里还是社会上都能与人很好地相处，不会招致怨言。

■史海撷英

唐太宗怀念长孙皇后

贞观十年（636年）六月，长孙皇后病逝，唐太宗李世民依照爱妻因山为陵的遗言，将长孙皇后埋葬在九嵕山。

长孙皇后去世后，太宗十分悲痛，他在元宫外的栈道上修建了起舍，命宫人居住其中，如侍奉活人一般侍奉着皇后。这种对已逝之人供养如生的例子极其少见，几乎为太宗首创。可见在唐太宗的心中，长孙皇后是永远活着的。

后来，唐太宗又在宫中建起了层观，终日眺望昭陵。这既反衬出太宗对长孙皇后刻骨铭心的追恋之情，又反衬出太宗追恋爱妻的行为是违背礼教传统的！

■文苑拾萃

题长孙皇后谏猎图

（元）张翥

黄门晓出西清仗，秋色满天鹰犬王。
虎落遥连渭水南，鸾旗直渡河桥上。
日边云气五色文，虬须天子真天人。
羽林猛士森成列，六气不惊清路尘。
太平无征帝神武，岂为禽荒将按旅。

已知哲后佐兴王，不数樊姬能霸楚。
从容数语郎罢田，六宫迎笑花如烟。
眣回那待外庭疏，听谏由来同转圜。
天宝神孙赓大业，锦绣五家争蹀躞。
可怜风雪骊山宫，正与真妃同射猎。

第三篇

以中修身

狼瞫怒而不乱为君子

狼瞫（生卒年不详），春秋时期晋国右车，著名将领，又称"战神"。崤之战一役，狼瞫率自己的属下直冲秦军，晋军紧随其后，杀得秦军落荒而逃。狼瞫在这一役战死沙场，完成了自己对勇的追求。

公元前627年，秦国千里偷袭郑国不成，被晋国在崤打了个全军覆没。

当时，晋襄公擒了秦国的战俘，让自己的车右（春秋时将职，作战时在主将车的右边，古人以右为上，所以地位仅次于主将）莱驹去砍战俘的脑袋。不想在杀战俘时，战俘大吼一声，吓得莱驹手中的戈掉在了地上，非常丢脸。狼瞫捡起戈砍死了战俘，夹着莱驹追上晋襄公，晋襄公于是火线任命狼瞫为车右。

同年，晋国与狄战于箕，不知什么缘故，中军将先轸免了狼瞫的车右之职，任命了续简伯。狼瞫十分生气，朋友也为他不平，就和他商量说："我替你找先轸的碴儿，然后一起杀了他解恨。"

狼瞫说："有勇而无义，死了也上不了天堂。什么叫勇？为国效力为勇。我以勇求车右之职，先轸不了解我而罢免了我。如果我为这杀他，反而证明我无勇无义，不配当车右。来日方长，你等着瞧吧。"

　　崤之战时，秦国三位主帅孟明视、西乞术和白乙丙被夫人文嬴救下，因此在临走前发下宏愿，要三年后重来拜谢晋国的"恩赐"。

　　果然，三年后，也就是鲁文公二年（前624年），孟明视率领秦军前来复仇，两国再次在彭衙交锋。这时，先轸已经死了，他的儿子先且居为帅。秦晋大军再战于彭衙，仍然是续简伯当车右。狼瞫请率所部突袭秦阵，先且居准许了他的请求。

　　只见狼瞫率领属下直冲秦军，待没入秦阵后，秦师旌旗开始错乱；晋军紧随其后，先且居率大军掩杀，杀得秦军落荒而逃，秦军大败。

　　狼瞫在这一役中战死沙场，完成了自己对勇的追求。当晋军从死人堆里找到狼瞫时，他甲胄肃而戗口裂、战裙凝而咯血喷。晋公欲嘉奖先且居，先且居不受，说道："此战之胜，得益于狼瞫。"晋公便给狼瞫追封爵位。

▢故事感悟

　　君子之怒"发而皆中节"，首先要"发"，要通过合适的方式表达出来。狼瞫因为没有受到重用而生气，他发怒之后却不去犯上作乱，而凭借着一股怒气杀敌报国，生动地说明了"发而皆中节"的道理。对于情绪而言，最重要的不是压抑、不是无视它的存在，而是控制和调节，是使它保持在一个合理的范围之内。就像谢安的不动声色和狼瞫的君子之怒，虽然表现各不相同，却都属于中庸之道。

▢史海撷英

崤之战

　　崤之战是在晋秦争霸战争中，发生于周襄王二十六年（前627年）的一场晋襄公率军在晋国崤山（今河南陕县东）隘道全歼秦军的重要伏击歼灭战。

秦在穆公即为后,国势日益强盛,已有图霸中原之意,但东出道路却被晋所阻。

周襄王二十四年(前628年),秦穆公得知郑、晋两国的国君新丧,不听大臣蹇叔等人的劝阻,执意要越过晋境偷袭郑国。晋襄公为了维护霸业,决心誓死打击秦国。

为了不惊动秦军,晋国军队准备待秦军回师时,在崤山险地设下埋伏一举围歼秦军。十二月,秦国派孟明视等率军出袭郑国,次年春顺利通过崤山隘道,越过晋军的南境,抵达滑州(今河南偃师东南),恰好与赴周贩牛的郑国商人弦高相遇。机警的弦高断定秦军必然是准备袭郑,于是一面冒充郑国使者犒劳秦军,一面又派人回国报警。结果孟明视以为郑国有备,不敢贸然再进,只好还师。

晋国侦知,命先轸率军秘密赶至崤山,并联络当地姜戎埋伏于隘道两侧。秦军重返崤山,因去时未通敌情,疏于戒备。晋军见秦军已全部进入伏击地域,立即封锁峡谷两头,突然发起猛攻。晋襄公身着丧服督战,将士个个奋勇杀敌。秦军身陷隘道,进退不能,惊恐大乱,全部被歼。

魏颗不愚孝

魏颗（生卒年不详），姬姓，令狐氏，名颗，因令狐氏出于魏氏，故多称魏颗，史称令狐文子。春秋时代晋国魏武子的儿子，为人明礼敦厚，任晋国将军。

春秋时期，晋国魏武子的儿子魏颗为人明礼敦厚，担任晋国将军。

有一次，秦桓公派遣一位勇猛善战、威震当时的名将杜回带兵攻伐晋国。秦军在晋国辅氏（今陕西省辅邑县）的地方扎营，准备会战。

晋国面临着重大的威胁，因此就派魏颗将军出师对抗秦军。两军大战后，魏颗在辅氏地方打败了秦师，虏获了秦国的猛将杜回，为晋国立下了战功。

这一战役捕获杜回还另有一番佳话，称为魏颗结草。后来的成语"结草衔环"中的"结草"就出于此。

在魏颗与秦将杜回的激战中，杜回不用车马，而是率领惯战者数百人"下砍马足，上劈甲将"，神勇无敌，魏颗便想以计取之。

于是，魏颗就在青草坡设下伏兵，将杜回诱到此地展开大战。正在难分难解之际，杜回忽然一步一跌，施展不开，摔倒在地，当场被魏颗所俘。魏颗遂大败秦师，这就是秦晋辅氏之战。

晋军获胜收兵后的当天夜里，魏颗梦到一位老人。老人说："你用先人之命善嫁我女儿，我在九泉之下感谢您的救女之恩。今天结草绳绊倒杜回，是我为了替女儿祖姬报答你的大恩大德！将军当世世显荣，子孙贵为王侯，无忘吾言。"

原来，魏颗的父亲魏武子有一个爱妾名叫祖姬，没有生子。武子每次出征时，都嘱咐魏颗说："我若死，一定要选良配嫁出她。"

但是，武子到了病危时，却又对魏颗说："我死后，一定要让她殉葬，使我在九泉之下有伴。"

武子死后，魏颗并未让祖姬给父亲陪葬，而是把她嫁出去了。魏颗的弟弟责怪他未遵照父亲临终之嘱，魏颗说："人在病重的时候，神智是昏乱不清的，那时候的命令是乱命，不符合道理。我嫁此女，是依据父亲神智清醒时的吩咐。"

■故事感悟

对父母的吩咐也要讲究策略，若要求合情合理，自己又力所能及，那就不折不扣地坚决完成。但如果父母的要求违背情理，那就要坚持原则、坚守中庸之道。

□ 史海撷英

令狐姓氏的始祖魏颗

魏颗死后，他的儿子魏颉便以封邑名令狐为姓，形成了魏氏后的另一支——令狐氏。因此，魏颗也成为令狐姓的姓始祖，魏姓与令狐姓一脉相连。"以邑为氏"而姓的令狐，至今已有2300多年的历史。令狐氏在汉代世居太原，为望族。王莽杀令狐迈后，族人大多避居敦煌一带。

行为有度方为良

晋平公（生卒年不详），姬姓，晋氏，名彪。即位之初（前557年）与楚国发生湛阪之战，获得胜利。后来又令祁黄羊举贤，祁黄羊先后推荐仇人解狐和儿子祁午，留下"内举不避亲，外举不避仇"的美誉。

子产是春秋时期郑国大臣，而医和则是春秋时期秦国医生。他们二人在当时都是很有名的人。

当时，晋国的势力很强大，是诸侯中的盟主。有一次，晋平公生病了，郑国的国君特地派子产到晋国去探视晋平公的病情。

晋国的大臣叔向听说子产学识渊博，就向子产请教说："敝国国君的疾病很奇怪，派人占卜，占卜的人说是实沈、台骀在作怪。可太史们都不知道他们是谁，所以想冒昧地询问您，这是什么神灵呢？"

子产说："这两位神灵，其实与贵国国君身上的病无关。山川的神灵如果遇到了水旱瘟疫的灾祸，日月星辰的神灵如果遇到雪霜风雨不合时令，都向他们祭祀消灾。至于贵君的疾病，肯定是由于劳逸、饮食、哀乐不适度的原因导致的。我听说过这样的话，君子的时间可分为四

段：早晨时用来听取政事，白天时用来咨询疑难问题，晚上时用来确定政令，深夜时用来安歇身体。这样一来，就可以有节制地散发体气，不让它有所壅塞，也不至于引起身体衰弱。如果心里不明白这些，就会弄混各种事物的节度。现在，贵君的体气恐怕是专用在一处了，所以就生病了。"

停顿了一下，子产又说："我又听到过这样的话，诸侯的妻妾不能是同姓有血缘关系的，因为那样优点就逐渐消失了，子孙便不会昌盛。对于这条，古人是很注重的。男女之间的婚姻，一定要辨别姓氏，这是礼仪的大法。晋君是姬姓，而他的宫中却有四个姬姓的侍妾，所以，晋君得病恐怕就是这个缘故吧。必须遣散这四个姬姓女子，否则国君的病就必定无法医治。"

这番话说得头头是道，叔向听罢，也连连点头称是。

晋平公又向秦国求医，秦国国君便派出名医医和给晋平公诊病。

医和诊断了一下晋平公的病情，又问了问有关情况，说："这病没法治了。这叫作：'亲近女人，病象蛊惑。不是由于鬼神，不是由于饮食，而是被迷惑丧失意志。良臣将要死去，上天不能保佑。'"

晋平公迷惑不解地问："女人不能亲近吗？"

医和回答说："不是不能亲近，而是应有节制。古时帝王的音乐，是用来节制各种事情的，所以有五声的节奏，快慢本末互相调节，声音和谐以后就降下来。五声下降停止以后，就不能再弹了。这时候如果再弹，就会出现靡靡之音，使人心荡耳塞，就会忘记平正和谐。因此，君子是不听这种音乐的。任何事情都像音乐一样，一到限度就应该罢止，否则就要损伤身体。君子接近女色，是用来表示礼仪节度的，不是用来使心淫荡的。"

医和接着说道："天有六种气象，派生出五种味道，表现为五种颜色，应验为五种声音，以上这些过了头就会发生六种疾病。六种气象叫作阴、晴、风、雨、夜、昼。分为四段时间，顺序为五声的节奏。过了头就是灾祸，阴没有节制是寒病，阳没有节制是热病，风没有节制是头部的疾病，雨没有节制是腹病，夜里没有节制是迷惑病，白天没有节制是心病。女人，属于阳事而时间在夜里，对女人没有节制就会发生内热蛊惑的疾病。现在您不知节制，不分昼夜地接近女色，能不到这种地步吗？"

说完，医和无可奈何地摇了摇头。

晋平公听罢，满面愧色，窘得一句话也说不出来。

▢故事感悟

男女之事虽是人的自然本能，但又应有所节制，要有"节"、有"时"，如果纵欲无度、贪恋女色，重则破国亡家，轻则导致身体孱弱、精神萎靡不振。子产、医和从不同的角度对晋平公的痼疾所作的剖析，说的就是这个道理。我们喜欢自由的生活，其实从人立身处世的行为方式看，这自由归根结底还是度中的自由，也只有在一定条件下和一定范围内，我们才能享受自由。

▢史海撷英

晋平公秉烛而学

有一天，晋国的国君晋平公对一个名叫师旷的著名乐师说："我已经是70岁的人了，想学习，恐怕是太晚了吧？"

师旷说："那君王为什么不赶快把蜡烛点起来？"

晋平公生气地说："哪有做臣子的戏弄他的君王的呢？"

师旷就认真地对晋平公说:"瞎眼的臣子我怎么敢戏弄我的君王啊!我听说:'少年的时候好学,就如同日出时的阳光;壮年的时候好学,就如同太阳在中午时的光明;老年的时候好学,就如同点亮蜡烛的光亮。'点亮了蜡烛的光亮和黑暗中行走哪个更好呢?"

晋平公听完,点了点头,说:"你讲得很对。"

□ 文苑拾萃

子产论政宽猛

郑子产有疾。谓子太叔曰:"我死,子必为政。唯有德者能以宽服民,其次莫如猛。夫火烈,民望而畏之,故鲜死焉。水懦弱,民狎而玩之,则多死焉,故宽难。"疾数月而卒。

太叔为政,不忍猛而宽。郑国多盗,取人于萑苻之泽。太叔悔之,曰:"吾早从夫子,不及此。"兴徒兵以攻萑苻之盗,尽杀之,盗少止。

仲尼曰:"善哉!政宽则民慢,慢则纠之以猛。猛则民残,残则施之以宽。宽以济猛;猛以济宽,政是以和。""《诗》曰:'民亦劳止,汔可小康;惠此中国,以绥四方。'施之以宽也。'毋从诡随,以谨无良;式遏寇虐,惨不畏明。'纠之以猛也。'柔远能迩,以定我王。'平之以和也。又曰:'不竞不绌,不刚不柔,布政优优,百禄是遒。'和之至也。"

及子产卒,仲尼闻之,出涕曰:"古之遗爱也。"

孔子之"过犹不及"论

孔子（前551—前479），名丘，字仲尼，春秋时期鲁国人。我国古代伟大的思想家和教育家，儒家学派创始人，世界文化名人，编撰了我国第一部编年体史书《春秋》。据有关记载，孔子出生于鲁国陬邑昌平乡（今山东省曲阜市东南的南辛镇鲁源村）；孔子逝世时，享年73岁，葬于曲阜城北泗水之上，即今日孔林所在地。孔子的言行思想主要载于语录体散文集《论语》及《史记·孔子世家》。

有一天，孔子的弟子子夏问老师："颜回这人怎么样啊？"

孔子说："颜回呀，他在诚信上超过我。"

子夏又问："子贡这人怎么样啊？"

孔子回答说："子贡在敏捷上超过我。"

子夏又问："子路这人怎么样啊？"

孔子回答说："子路在勇敢上超过我。"

子夏又问："子张这人怎么样啊？"

孔子回答说："子张在庄重上超过我。"

子夏站起身，问孔子说："那么这四位为什么都拜您做老师呢？"

孔子说："坐下吧，我告诉你。颜回虽然诚信，却不知道还有不能讲诚信的时候；子贡虽然敏捷，却不知道还有说话不能太伶牙俐齿的时候；子路虽然勇敢，却不知道还有应该害怕的时候；子张虽然庄重，却不知道还有应该诙谐亲密的时候。所以，他们才认我做老师啊！"

诚信过了头，就成了迂腐；敏捷过了头，就成了圆滑；勇敢过了头，就成了鲁莽；庄重过了头，就成了呆板。同样，礼貌过了头，就成了别有用心。

过犹不及是中庸之道的精髓，也是孔子最精彩的教导之一。不及的害处，人人都可以理解；过的害处，就不那么容易看到了。它的来源是这样的：

有一次，孔子的弟子子贡在与孔子谈论师兄弟们的性格及优劣时，忽然向孔子提了一个问题："先生，子张与子夏两个人哪一个更好些呢？"

子张是颛孙师，子夏是卜商，两人都是孔子的得意弟子。孔子想了一会儿，说："子张这个人做事老爱过头，子夏则总是欠点火候。"

子贡接着又问："那是不是子张要好些呢？"

孔子说："过头了就像没有达到标准一样，都是没有掌握好分寸的表现。"

这就是"过犹不及"的来源。

有一回，孔子带领弟子们到鲁桓公的庙堂里参观，看到一个特别容易倾斜翻倒的东西。孔子围着它转了好几圈，左看看、右看看，还用手摸摸、转动转动，却始终拿不准它究竟是干什么用的。于是，孔子就问守庙的人："这是什么器物？"

守庙的人回答说："这大概是放在座位右边的器物。"

孔子恍然大悟，说："我听说过这种器物。它什么也不装时就倾斜，装水适中就端端正正的，装满了就翻倒。君王把它当作自己最好的警示，所以总放在座位旁边。"

孔子忙回头对弟子说："把水倒进去，试验一下。"

子路忙去取水，慢慢地往里倒。刚倒一点儿水，它还是倾斜的；倒了适量的水，它就正立；装满水松开手后，它就翻了，多余的水都洒出来。

孔子慨叹地说："哎呀！我明白了，哪有装满了却不倒的东西呢！"

子路走上前去，说："请问先生，有保持满而不倒的办法吗？"

孔子说："聪明睿智，用愚笨来调节；功盖天下，用退让来调节；威猛无比，用怯弱来调节；富甲四海，用谦恭来调节。这就是损抑过分、达到适中状态的方法。"

子路听得连连点头，接着又刨根究底："古时候的帝王除了在座位旁边放置这种欹器警示自己外，还采取什么措施来防止自己的行为过火呢？"

孔子说："上天生了老百姓，又定下他们的国君，让国君来治理老百姓，不让他们失去天性。有了国君，又为他设置辅佐的人，让辅佐的人教导、保护他，不让他做事过分。因此，天子有公，诸侯有卿，卿设置侧室之官，大夫有副手，士人有朋友，平民、工、商，乃至干杂役的皂隶、放牛马的牧童，都有亲近的人来相互辅佐。有功劳就奖赏，有错误就纠正，有患难就救援，有过失就更改。自天子以下，各有父兄子弟，来观察、补救他的得失。太史记载史册，乐师写作诗歌，乐工诵读箴谏，大夫规劝开导，士传话，平民责谤，商人在市场上议论，各种工匠呈献技艺。各种身份的人用不同的方式进行劝谏，从而使国君不至于在老百姓头上任意妄为，放纵他的邪恶。"

子路仍然穷追不舍："先生，您能不能举出个具体的君主来？"

孔子回答道："好啊，卫武公就是个典型。他95岁时，还下令全国：'从卿以下各级官吏，只要是拿着国家的俸禄、正在官位上的，就不要认为我昏庸老朽而丢开我不管，一定要不断地训诫、开导我。我乘车时，护卫在旁边的警卫人员应规劝我；我在朝堂上时，应让我看前代的典章制度；我伏案工作时，应设置座右铭来提醒我；我在寝宫休息时，左右侍从人员应告诫我；我处理政务时，应有瞽、史之类的人开导我；我闲居无事时，应让我听听百工的讽谏。'他还时常用这些话来警策自己，从而使自己的言行不至于走极端。"

众弟子听罢，一个个面露喜悦之色，他们从老师的话中明白了一个道理：在任何情况下，人们都要调节自己，使自己的一言一行合乎标准，不过分，但也不要达不到标准。

□故事感悟

仁做过了头，对所有的人都是同等对待，就体现不出父亲的重要；义做过了头，一心只想着对别人负责，就容易忘记忠君的责任；太过于礼貌，别人会觉得你在讨好他；太过于诚信，以致随便指证他人的过错。这些都是执着于一偏之见，把好事做得过分了。连天地、阴阳、仁义、赏罚、执礼、诚信这些看上去天经地义的东西，也都不能超过它的度，更何况个人的处世方法呢！

□史海撷英

三人行必有我师

孔子一向以好学著称，对于各种知识都表现出浓厚的兴趣。因此，他知识渊博、多才多艺，在当时是十分出名的，几乎被当成无所不知的圣人。

但是，孔子自己却从不这样认为。孔子说："若圣与仁，则吾岂敢？抑为之不厌，诲人不倦。"

孔子学无常师，谁有知识，谁那里有他所不知道的东西，他就拜谁为师，因此孔子常常说："三人行，必有我师焉。"

■文苑拾萃

奉和圣制经邹鲁祭孔子应制

（唐）张说

孔圣家邹鲁，儒风蔼典坟。
龙骖回旧宅，凤德咏馀芬。
入室神如在，升堂乐似闻。
悬知一王法，今日待明君。

"宠辱不惊"是境界

孟子(约前372—前289),名轲,字子舆(待考,一说字子车或子居),战国时期鲁国人,鲁国庆父后裔。中国古代著名思想家、教育家,战国时期儒家代表人物,著有《孟子》一书。孟子继承并发扬了孔子的思想,成为仅次于孔子的一代儒家宗师,有"亚圣"之称,与孔子合称为"孔孟"。

有一次,孟子本来准备去见齐王,恰好这时齐王派人捎话,说是自己生病了经不得风,请孟子到王宫里去见他。孟子觉得这是对自己的一种轻慢,于是便对来人说:"不幸得很,我也病了,不能去见他。"

第二天,孟子要到东郭大夫家里去吊丧,他的学生公孙丑说:"先生昨天托病不去见齐王,今天却去吊丧,齐王知道了是不是不太好呀?"

孟子说:"昨天是昨天,今天是今天。今天我的病好了,为什么还不能去办我想办的事呢?"

孟子刚走,齐王就派人来问孟子的病情。孟子的弟弟孟仲子应付说:"昨天齐王有令让他上朝,他有病没去,今天刚好一点就上朝去了,但不晓得他到了没有。"

齐王的人一走，孟仲子便派人在孟子归家的路上拦截他，让他不要回家，马上去见齐王。可孟子仍然不去，而是到朋友景丑的家中避了一夜。

景丑问孟子："齐王要你去见他，你不去见，这是不是对他太不恭敬了呢？这也不合礼法啊。"

孟子说："哎，你这是什么话？齐国上下没有一个人拿仁义向王进言，这才是不恭敬哩。我呢，不是尧舜之道不敢向他进言，这难道还不够恭敬？曾子说过，'晋国和楚国的财富我赶不上。但他有他的财富，我有我的仁；他有他的爵位，我有我的义。我为什么要觉得比他低而非要去趋奉不可呢？'爵位、年龄、道德是天下公认为宝贵的三件东西，齐王哪能凭他的爵位轻视我的年龄和道德呢？如果他真是这样，便不足以同他有所作为，我为什么一定要委屈自己去见他呢？"

■故事感悟

人活在世上，总想比别人有钱、比别人有势，也因此惹是生非，种下苦根。聪明人意识到了这一点，于是把"宠辱不惊"视作一种境界。

■史海撷英

孟子提出"性善论"

孟子提出"性善论"的思想。他认为，尽管社会上的各个成员之间有着分工的不同和阶级的差别，但人性都是同一的。

孟子说："故凡同类者，举相似也，何独至于人而疑之？圣人与我同类者。"

在这里，孟子将统治者和被统治者摆在一种平等的地位上，来探讨

他们所具有的普遍的人性。这种探讨适应于当时奴隶解放和社会变革的历史潮流，标志着人类认识的深化，对伦理思想的发展也起到了巨大的推进作用。

□ **文苑拾萃**

读孟子

（宋）曾巩

千载士推无此拟，一编吾喜窃窥观。
苟非此道知音少，安有兹人得志难。
机巧满朝论势利，疮痍连室叹饥寒。
先生自是齐梁客，谁作商岩渭水看。

陈轸巧劝昭阳罢兵

昭阳(生卒年不详),楚昭王后裔。战国时楚国令尹。楚怀王六年(前323年),为了送流亡在楚的魏公子高回魏当太子,率楚军伐魏,大败魏军于襄陵(今河南睢县),占领八邑。随即又移兵向东伐齐(都城在今山东淄博)。经陈轸劝说,遂引兵而退。楚国对此次伐魏之战极为重视,并以此事记年。"鄂君启节"舟节与车节铭文开头,都有"大司马昭阳败晋(三晋,这里指魏国)师于襄陵之岁"的记载。被任为令尹,当在襄陵战役之后。

陈轸(生卒年不详),战国时期的一个纵横家,曾游说入秦国,受秦惠文王的礼待,与张仪不相上下。张仪任相后,他去秦国至楚国,在出使途中说服魏国犀首北连燕国、赵国,胁齐国为联盟,共制强秦。后韩、魏相争,他又给秦惠文王献策,坐视两败俱伤,以乘机取利。

战国中期,楚怀王派大将昭阳担任主将,领兵攻打魏国。昭阳作战勇猛,接连几次打败魏军,并一举夺得魏国八座城池,接着又去攻打齐国。

齐王得知楚国大兵压境,便派陈轸去说服昭阳罢兵,不要再来进攻

齐国。

陈轸见到昭阳后，首先祝他攻打魏国取得胜利，然后问昭阳道："请问，按照贵国的规定，将军取得如此辉煌的战果，可以获得什么官爵呢？"

昭阳不无得意地说："官可以升为上柱国，爵位可以到上柱国。"

陈轸接着又问："贵国还有比上柱国地位更高的官吗？"

昭阳回答说："只有令尹。"

陈轸叹了口气，说："最显贵的当然算令尹，但是，我觉得你们的国君不可能同时设置两个令尹。我可以给将军讲个故事。"

昭阳示意陈轸讲下去，陈轸说："从前楚国有个人在春祭时，赏给门客一壶酒。"门客就说："这壶酒不够几个人喝，一个人喝又多了。我们就在地上画蛇吧，哪个人先画成，就把酒给他喝。"

有个门客最先画好了蛇，拿起酒壶想喝。可是当他看到别人画得都很慢时，就想再显示一下自己，于是用左手拿着酒壶，右手去画蛇，边画边说："我还能给蛇添上脚呢。"

就在这个人给蛇画脚的时候，另一个门客却把蛇画成了并夺过那人手里的酒壶说："蛇本来没有脚，你怎么能给它添上脚呢？有脚的东西不是蛇，所以第一个画好蛇的是我，而不是你。"

门客说完，就把酒都喝了，而那个画蛇添脚的门客却没有得到酒喝。

陈轸讲完故事后，接着对昭阳说："现在，楚国打败了魏国，并连得八座城池，而这个时候你还不罢兵，想再攻打齐国。你的名气已经不小了，官位也到了头，要是取得胜利还不住手，一旦有什么差错，你的性命都难保，再得到爵位又有什么用呢？这不就和画蛇添足是一样的道理吗？"

昭阳被陈轸的一番话说动，认为很有道理，便撤退攻打齐国的军队。

陈轸为昭阳所讲的故事的含义，是说用兵用权要适可而止，才会保证经常处于有利地位。凡事都有限度，超过限度将发生质的变化。但人的欲望常常没有止境，特别是有东西可以自恃之时。权力、名誉、金钱、地位、物质、才能，都足以使人异化、丧失理智，不知自己为何物。"聪明反被聪明误"，与其说是聪明的悲剧，倒不如说是愚蠢的悲剧。

■史海撷英

陈轸巧施缓兵之计

在一次战争中，秦国打败了韩国，在浊泽俘虏了韩国的两个将领。于是，韩臣公仲便向韩王献计，说用韩国的一座名城和一些兵器为议和条件，让秦国向南出兵攻打楚国。

后来，楚国处在秦、韩军队联合进攻的情况下，楚国的谋臣陈轸便向楚王献上一条缓兵之计，即告示全国，调兵遣将，扬言去救韩；并派遣使者，携带很重的礼品献给韩国，阻止秦、韩合兵。

韩王果然中计，听信楚国救援韩国的假言，派人与秦国断交。秦、韩大战后，楚国坐山观虎斗，结果韩国大败。陈轸的缓兵之计运用得很成功。

■文苑拾萃

春秋战国门·陈轸

(唐)周昙

丹青徒有逞喧哗，有足由来不是蛇。
杀将破军为柱国，君今官极更何加。

荀攸谋而不奸

荀攸（157—214），字公达，颍川颍阴（今河南许昌）人，荀彧之侄，三国时期曹操的首席军师，杰出战术家，被称为曹操的"谋主"。曹操迎天子入许都之后，荀攸出任济南太守，又任尚书令，并为曹操军师。曹操征伐吕布时荀攸劝阻了曹操退兵，并献奇计水淹下邳城，活捉吕布。官渡之战荀攸献计声东击西，斩大将颜良和文丑；又策奇兵，派徐晃烧袁绍粮草，同时力主曹操接纳许攸，画策乌巢，立下大功。平定河北期间，荀攸力排众议，主张曹操消灭袁绍诸子，被曹操上奏朝廷封为陵树亭侯。建安十九年（214年）荀攸死于曹操伐吴路上。正始年间荀攸被追封谥号"敬侯"。

建安三年（198年），荀攸随曹操征讨张绣。荀攸看到形势对曹操很不利，就对曹操说："张绣与刘表联合对抗我们，互为犄角之势。但是张绣的粮饷全靠刘表供给，时间一久，刘表就会力不能支，必然与张绣分裂。所以，我们不如缓兵以待其变，这样即可诱而击敌。如果急切进攻，刘表必然拼死相救，我军不易取胜，到那时就会形成进退维谷之势。"

可是，曹操不听荀攸的劝告，坚持对张绣作战，刘表果然发兵相救，曹军失利，连曹操本人几乎都死在那里。

后来，曹操十分后悔地对人说："这都是不听荀攸的话的结果啊！"从此，曹操对荀攸言听计从，甚为倚重，再也不敢轻易否定他的意见了。

建安五年（200年），袁绍讨伐曹操。当时，袁绍的军队十分强大。同曹操相比，袁绍有很大的优势。但袁绍是个优柔寡断的人，而且作战指挥无方。曹操和袁绍相持在官渡，一时胜负难分。

就在曹操粮草将尽、十分着急的时候，袁绍手下的谋士许攸遭到袁绍的怒斥，一气之下决定投奔曹操。许攸直往曹营而来，被曹军捉住，许攸说："我是曹丞相的老朋友，快快给我通报，就说南阳许攸来见丞相！"

军士到曹操寨中禀报，曹操正在休息，一听说许攸来了，知道他肯定对自己有所帮助，大喜过望，连鞋子都没来得及穿就迎了出来，并以贵宾之礼招待许攸。

曹操问许攸有何计策破敌，许攸说："袁绍的军粮和其他军需物品都囤积在乌巢，现在由淳于琼把守。你可以挑选一些精兵，假称袁绍的将领领兵去那里守粮食，乘机放火烧掉粮草和其他物品，这样袁绍的军队不出三天就会不攻自乱！"

在多年的用兵中，断人粮草是曹操的惯用手段，因此曹操听后正中下怀，隆重地招待了许攸。

第二天，曹操亲自选骑兵、步兵共5000人，准备去乌巢劫粮。曹操的左右张辽等人怀疑许攸，认为袁绍的囤粮场所不会不加以防备，劝曹操不要轻信许攸的话。

曹操说："不必疑心，现在我军粮草已供应不上，不管是真是假都必须这么做。倘若不采用许攸的计策，我们也只能是坐以待毙啊！"

"功高莫过救驾，计毒莫过绝粮"，曹操这一招不失为上策，因为在冷兵器时代粮草是军队的命脉，更是军队的士气。那么，作为曹操的谋士之一的荀攸，有没有用过这一招呢？

其实，荀攸早就有这个看法了，只是不知袁绍的虚实。在许攸到来后，他就坚定地主张曹操亲自率兵去乌巢。于是，曹操对自己的营寨进行了周密的布置后，命令重兵把守好大寨，在左右两侧埋伏了一定的兵力防止袁绍偷袭。然后，曹操亲自率领5000人马，打着袁绍的旗号，每人都背上草木，乘黑夜偷偷朝乌巢进军。

曹操领兵前往乌巢，一路上遇到袁绍的寨兵，就说："蒋奇奉命往乌巢护粮。"袁军看他们打的都是自己的旗号，也不再有什么疑心了。到四更时，曹操的队伍到达乌巢后，曹操立即命令士兵点燃草木，一面敲鼓一面呐喊，直杀得敌军落荒而逃。

袁绍在乌巢粮草被烧，损失惨重，又失去了许攸等栋梁之材，军中士气低落，人心恐慌。这时，许攸又为曹操出主意说："今日袁绍残兵败将归去、人心不稳，应乘胜速取袁绍大本营，这样就可以消灭袁绍的有生力量。"曹操又依计而行，取得了很大的胜利。

这时，荀攸又向曹操献计说："现在可以乘胜追击，可以传假情报说我军将调拨人马，一路作出攻取酸枣和邺郡（今河南延津和安阳）的样子；另一路作出攻打黎阳（今河南浚县）的样子，断袁兵归路。袁绍如果听说了这个传闻，以他多疑的性格必定会信以为真，就会分出兵力阻击我军。我方可乘他调兵拔寨之时急攻袁寨，袁绍的军队本来就没有什么斗志，定能破敌。"

曹操听了荀攸的这番话后，觉得十分有道理，就立即采用荀攸的计谋，出动三路人马，并四处扬言散布迷惑袁绍的消息。袁军听到消息后，急忙报告袁绍："曹操分兵两路：一路取邺郡，一路取黎阳了。"

袁绍信以为真，急忙派兵10万人分别支援邺郡和黎阳，连夜急行军走了。曹操见状，立即集中大队兵马乘虚而入，冲向袁绍的营寨，结果袁军被打得兵四处逃散。袁绍连盔甲都来不及披上，就带着幼子袁尚逃奔而走，曹军在后紧追不舍。袁绍为了渡河逃命，就把金银财宝、图书车辆全都丢弃，只带随身骑兵800多人一同逃往黎阳，曹军大获全胜。

在曹操征伐吕布时，荀攸也随曹操一起。吕布在曹军和刘备等各路军队的围攻下，败退到下邳。虽然经过多次进攻，曹军仍然攻不下城池。这时，曹操的军队已经疲惫不堪了，曹操也想撤兵回宛城，但荀攸坚决反对。荀攸对曹操说："吕布虽然勇敢，但无计谋。如今他三战三败、锐气大减，虽在固守，军队已没有奋斗的意志了，如果再坚持一段时间，敌人就会不攻自败。吕布手下虽然有陈宫那样的谋士，但陈宫设谋迟慢，不能适应形势的变化，我们应当赶在吕布的锐气尚未恢复、陈宫的计谋尚未设定的时刻，想法紧急攻击，这样吕布一定能被攻破。"

曹操急忙问荀攸："有什么好办法呢？"

荀攸说："可以先摧毁城墙，即可一举进攻。"

于是，曹操指挥曹军引沂水和泗水灌进下邳城，结果大水冲垮了城墙，吕布军队不战而败，吕布则被曹操活捉而杀。

袁绍死后，他的几个儿子为了私利相互争斗。建安七年（202年），荀攸随曹操讨伐袁谭、袁尚到黎阳，第二年曹操又去征伐刘表。正在这时，袁谭、袁尚兄弟二人为争夺冀州发生内讧。

为了打败自己的弟弟，袁谭派人到曹操军中乞求归降，请曹操援助自己。曹操就请谋士大臣一起商议，大多数人都认为应当先讨刘表。因为刘表强大，而袁谭、袁尚不仅不团结，相互之间争斗不息，也没有得力的将领、谋士辅佐，不足为虑。

只有荀攸不同意这种意见，他说："刘表父子如同豚犬一样，只是看门守家而已，并没有征服天下的雄心壮志，要不然正当天下混乱大有作为的年代，他却守在江、汉之间稳坐不动。袁绍曾占据四州地盘，拥有精兵50万，基础十分雄厚，经过了多年的经营已经赢得了人心。现在他们兄弟相争正是我们灭掉他们的大好时机，如果我们不接受袁谭的投降，使他感到无路可走，再去和他的弟弟讲和，到那时他们两人和睦相处、子承父业，那么天下的苦难就不可能平息了。如今他们兄弟相残、势不两立，如果其中有一人被兼并，那么他们的力量就强大多了、会不易对付，应该趁他们内部战乱的时候攻击他们，天下就平定了，可不能坐失良机啊！"

正因为荀攸性格敦厚，对曹操也是尽心尽力，曹操才一次又一次地采纳他的建议，出兵打败了袁尚。袁尚被消灭以后，果然不出荀攸所料，袁谭立即反叛曹操。这样一来，袁谭就势单力孤了，曹操在南皮将他杀死。

平定冀州之后，曹操在向皇帝为荀攸请功的奏章中说："军师荀攸，自辅佐臣起，每次征战必随臣前往，臣前后能攻克那么多强敌，都是荀攸出的计谋。"

于是，朝廷准奏封荀攸为陵树亭侯。在曹操北伐三郡乌桓后，荀攸被任命为尚书令。综观荀攸之谋，无奇谋、无邪谋、无忍谋，可以说他一生使用的都是正谋。

由于荀攸性格温和敦厚、仁爱聪慧，曹操想把儿子曹丕托付给荀攸，就告诫曹丕说："荀公达，人之师表也，汝当尽礼敬之。"曹丕对曹操这番话铭记在心。荀攸生病，曹丕拜在床下问候，像对待父亲一样，这些殊荣皆因荀攸正直敦厚的性格所致。正因为如此，荀攸即使在曹操这样的奸雄手下也颇受尊重。

在常人看来，攻于心计的人都是奸诈的人，这不符合历史事实，也不符合中庸的原则。其实，性格敦厚仁爱者既有着忠厚、同情、爱护和帮助的思想感情，又有谋略，这也是中庸之道。荀攸为曹操称霸中原起到了很大的作用；而他性格敦厚仁爱、皆出正谋，从不以邪恶之术害人。

荀攸与钟繇

钟繇是三国时期魏国著名的政治家。在官场之下，荀攸与钟繇二人私交甚密，而他们又与相面奇人朱建平关系亲密。

朱建平曾经给荀、钟二人相面说："荀君虽少，然当以后事付钟君。"

钟繇却笑着对荀攸说："唯当嫁卿阿骛耳。"

不想此事日后竟然成真了。荀攸死后，其子荀缉年幼，钟繇于是负责管理荀攸的家务，并嫁出了荀攸的遗孀阿骛。

荀攸生前曾出过十二条奇策，唯有钟繇知道。可惜的是，钟繇在为荀攸撰写文集尚未完成时便去世了。

梁实秋持中自制

梁实秋（1903—1987），号均默，原名梁治华、梁秋实，字实秋，笔名子佳、秋郎、程淑等。梁实秋祖籍邢台市沙河县，出生于北京，是中国著名的散文家、学者、文学批评家、翻译家，国内第一个研究莎士比亚的权威，曾与鲁迅等左翼作家笔战不断。梁实秋一生给中国文坛留下了2000多万字的文字创作，其散文集创造了中国现代散文著作出版的最高纪录，代表作有《雅舍小品》《英国文学史》《莎士比亚全集》。

梁实秋是我国近现代著名文学家。有一天，梁实秋先生与朋友们一起吃饭。当熏鱼端上来时，梁先生称自己有糖尿病，不能吃带甜味的东西；"冰糖肘子"端上来时，他又说不能碰，因为里面加了冰糖；"什锦炒饭"端上来时，他还是说不能吃，因为淀粉进入体内会转化成糖。

最后，"八宝饭"端上来了，大家都猜梁实秋一定不会碰，没想到梁先生居然开心地说："这个我要。"

朋友提醒他："里面既有糖又有淀粉。"

梁大师则笑着说他当然知道，就是因为知道有自己最爱吃的"八宝饭",所以吃前面的菜时他才特别节制。

"我前面不吃,是为了后面吃啊。因为我血糖高,得忌口,所以必须计划着,把那'配额'留给最爱。"

■故事感悟

许多伟大的人都因为他们节制自己,集中力量在特定的事物上,才有杰出的成就。而这也是持中庸之道修身的一种品质啊!

■史海撷英

梁实秋的文学论战

梁实秋否认文学的阶级性。早期,梁实秋曾专注于文学批评,坚持将描写与表达抽象的永恒不变的人性作为文学艺术的文学观,批评鲁迅翻译外国作品的"硬译",且不同意鲁迅翻译和主张的苏俄"文艺政策",主张"文学无阶级";不主张把文学当作政治的工具,反对思想统一,要求思想自由。

在这期间,梁实秋与鲁迅等左翼作家经常笔战不断,梁实秋还曾被鲁迅先生斥为"丧家的资本家的乏走狗"。从1927年到1936年,两人论战持续了八年之久。

1936年10月19日,鲁迅病逝,梁实秋与鲁迅二人对垒式的论战也宣告结束。但是,这场论战所产生的影响既深且远。它不因鲁梁论战的结束而结束,论战所产生的影响实体已超出鲁梁本身,论战性质也已逾越了文学范畴,其余波扩涟到后来年代,以至于今。